전문가 8명이 들려주는
각양각색 중국 이야기!

중국
학교

1

국립중앙도서관 출판예정도서목록(CIP)

중국 학교. 1 / 지은이: 민정기, 홍승직, 서성, 조관희. --
파주 : 청아출판사, 2016
    p. ;   cm

ISBN 978-89-368-1084-9 04900 : ₩11000
ISBN 978-89-368-1083-2 (세트) 04900

중국사[中國史]
중국 문화[中國文化]

309.112-KDC6
306.0951-DDC23   CIP2016011674

중국 학교 1

초판 1쇄 인쇄 · 2016. 5. 20.
초판 1쇄 발행 · 2016. 5. 25.

지은이 · 민정기 홍승직 서성 조관희
발행인 · 이상용 이성훈
발행처 · 청아출판사
출판등록 · 1979. 11. 13. 제9-84호
주소 · 경기도 파주시 회동길 363-15
대표전화 · 031-955-6031   팩시밀리 · 031-955-6036
E-mail · chungabook@naver.com

ISBN 978-89-368-1084-9 04900
     978-89-368-1083-2 04900(세트)

* 값은 뒤표지에 있습니다.
* 잘못된 책은 구입한 서점에서 바꾸어 드립니다.
* 본 도서에 대한 문의사항은 이메일을 통해 주십시오.

전문가 8명이
들려주는 각양각색
중국 이야기!

중국 **1**

| 민정기 · 홍승직 · 서성 · 조관희 지음 |

그림신문, 시, 삼국지로 보는 중국
중국의 역사를 바꾼 전쟁

학교

청아출판사

이 책은 중국학@센터가 기획해 2015년 9월 3일부터 10월 29일까지 모두 8회에 걸쳐 진행된 강의를 정리하여 엮은 것이다. '중국학@센터'는 2001년부터 홈페이지(www.sinology.org)를 만들어 중국학 전반에 대한 소개와 자료 제공을 해오고 있는 중국학 전문가 그룹이다. 초기에는 의욕만 앞섰던 탓에 장기간 침체에 빠져 있었으나, 최근 홈페이지 면모를 일신하고 여러 가지 다양한 사업을 새롭게 모색하고 있다. 이 강의 역시 그러한 시도 가운데 하나로 열린 것이다. 구체적인 강의 순서와 내용은 다음과 같다(참고로 8강의 경우 필자의 사정으로 당시 강의 내용과 이 책의 수록 내용이 바뀌었다).

2015년 9월 3일   제1강 그림신문으로 보는 근대 중국 (민정기)

2015년 9월 10일   제2강 시로 열어 보는 중국의 문 (홍승직)

2015년 9월 17일   제3강 《삼국지》는 왜 읽어야 하는가 (서성)

2015년 9월 24일   제4강 중국의 역사를 바꾼 전쟁 (조관희)

2015년 10월 1일   제5강 영화로 보는 중국 (임대근)

2015년 10월 8일   제6강 인문기행 중국: 배낭대학 (윤태옥)

2015년 10월 22일   제7강 중국의 수집 문화

: 중국인이 열광하는 중국 명품 이야기 (리무진)

2015년 10월 29일　제8강 고전의 중국, 중국의 고전

: 유교의 고전을 중심으로 (김월회)

　첫 번째 강의에서는 인하대 민정기 교수가 청대 말에 발행된 〈점석재화보點石齋畵報〉를 통해 본 근대 중국의 모습을 전해 준다. 이 화보는 일회성이 아니라 순간旬刊, 즉 열흘마다 한 번씩 발행된 일종의 신문이었다. 당시 유럽에서 유행하던 illustrated newspaper를 중국에 도입한 것이다. 발행인은 어니스트 메이저Ernest Major라는 영국인으로, 고급 독자가 아닌 어느 정도 글자를 해독하는 일반 대중도 그림을 통해 사건을 즉각적으로 이해할 수 있도록 기획했다. 카메라가 발명되긴 했으나 아직 보편화되기 이전 시기였으니, 그림은 사람들의 이해를 돕는 중요한 매체로 활용되었다. 〈점석재화보〉는 1884년에서 1898년까지 모두 528호가 발행되어, 현재 4,647폭의 그림과 글이 남아 있다. 이를 통해 우리는 그 시대의 모습을 좀 더 생생하게 이해할 수 있는 것이다.

　두 번째 강의는 중국의 대표적인 문학 장르인 '시詩'를 통해 본 중국의 여러 가지 모습이다. 강의를 맡은 홍승직 교수는 오랫동안 장르 불문하고 중국의 고전문학 전반에 걸쳐 천착해 온 중국 문학 전문가이다. 중국에서는 오랜 기간 다양한 문학 장르가 만들어지고 후대에 전해져 왔는데, 그중에서도 역대 문인들이 가장 주요한 장르로 손꼽는 것이 '시'이다. 중국의 초·중등학교에서는 대표적인 중국 시인들의 시 작품을 학생들이 암송하게 하고 있다. 그래서 정상적인 보통교육을 받은 중국인이라면 누구나 유명한 시인의 시 몇 수는 줄줄 외우고 있을 정도다. 한마디로 중국에서 시는 전통 시기의 문인들뿐만 아니라 현대를 살아가는 일반 대중의 일상에서도 큰 부분을 차지하고 있다. 이 강의에서는 광고 등에서 활용되는 시와 전통적인 고문의 함축적인 표현에 대한 소개를 통해 중국에 대한 이해의 깊이를 더하고자 했다.

세 번째는 우리에게도 잘 알려져 있는 《삼국지》에 대한 강의다. 이 강의를 맡은 서성 교수는 열린사이버대에서 국내 최초로 《삼국지》만 다루는 전문 강좌를 열어 10년 넘게 강의를 해온, 국내 최고 수준의 《삼국지》 전문가라 할 수 있다. 《삼국지》라는 소설에 대해서는 굳이 자세한 설명이 필요 없을 것인데, 서 교수의 강의의 특색은 《삼국지》에서 일반인이 간과하는 아주 미시적인 부분을 다루고 있다는 것이다. 서 교수의 깨알 같은 지적과 설명을 들으면 《삼국지》에 대해 어느 정도 자신감을 갖고 있는 독자라 할지라도 무릎을 치게 될 것이다.

네 번째 강의는 '중국의 역사를 바꾼 전쟁'이다. 주지하는 대로 중국은 오랜 역사를 갖고 있는 나라다. 그 오랜 기간 동안 수많은 전쟁을 치렀을 터. 그중에서도 그야말로 획기적인 의미를 가진 전쟁이 몇 차례 있었다. 이 강의에서는 그중에서도 위진남북조 시기에 있었던 '페이수이의 전투(비수전투)'와 근대 초기 '아편전쟁'이 중국 역사에서 어떤 의미를 갖고 있는지 살펴본다. 어떤 역사학자는 페이수이의 전투를 중국 역사를 양분하는 엄청난 사건으로 보기도 하는데, 과연 그때 무슨 일이 벌어졌던 것일까. 그리고 아편전쟁을 중국 역사가 또 한 번 뒤집어지는 결정적인 사건이라고 하는 이유는 무엇 때문인지, 이 강의를 통해 독자들의 궁금증을 풀어 보자.

다섯 번째 강의는 '영화로 보는 중국'이다. 영화라는 매체는 비교적 최근에 만들어진 발명품임에도 현대인에게 불가결한 존재가 되어버렸다. 비교적 이른 시기에 영화를 받아들이고 또 일찍부터 영화가 유행한 중국의 경우도 마찬가지다. 이 강의를 맡은 임대근 교수는 국내뿐 아니라 중국에까지 명성이 알려져 있는 명실공히 우리나라를 대표하는 중국 영화 전문가이다. 그의 입을 통해 독자들은 중국 최초의 영화가 무엇인지, 그리고 굴곡진 중국의 현대사에서 영화가 어떤 역할을 해왔는지에 대해 알아보는 시간을 갖게 될 것이다.

여섯 번째 강의에서는 1년 중 6개월 남짓의 시간을 중국에서 보내는 중국 전문 다큐멘터리 제작자이자 중국 여행가인 윤태옥 대표가 중국에서의 배낭여행이 어떻게 가능한지, 그리고 이를 위해서는 어떤 준비가 필요한지에 대해 상세하게 설명한다. 교통이나 숙박 등 인프라가 열악한 데다 언어까지 통하지 않는 중국에서 배낭하나 둘러메고 여행을 떠난다는 것은 조금은 무모한 시도 같다. 그런데 윤 대표는 꼭 그런 것만은 아니라고 조언한다. 어디를 가든 사람 사는 곳은 다 똑같고 상식이 통하기 때문에, 중국의 오지를 가더라도 그렇게 당황스러울 것은 없다는 것이다. 새로운 환경을 두려워하지 않고 즐길 마음만 있다면 세계가 다 내 안방과 같다. 이 강의를 통해서 그것이 과연 현실적으로 가능한 일인지 확인해 보자.

일곱 번째 강의는 중문학계에서 소문난 오타쿠 중 한 사람인 리무진 교수가 소개하는 중국의 명품에 대한 것이다. 특히 리무진 교수가 몇 년 전부터 관심을 갖고 있는 다호茶壺, 그중에서도 자사호紫沙壺의 이야기가 주를 이룬다. 다호는 중국인이 즐기는 차 문화의 본령이라 할 수 있는데, 그만큼 다호 시장은 광범위하게 형성되어 있다. 일반 가정에서 쓰는 저렴한 다호부터 수천만 원에서 억대에 이르는 명장名匠의 손에서 나온 명품 다호까지, 다종다양한 다호가 유통되는 만큼 가짜 다호도 많다. 리무진 교수는 초보적인 수준에서 가짜 자사호를 감별하는 방법을 일러주는 동시에, 명품이 갖고 있는 그 나름의 가치에 대해서도 자상하게 설명해 준다.

여덟 번째 강의는 본래 '고전의 중국, 중국의 고전'이라는 제목으로 강의한 것이었으나 강연자의 개인적인 사정으로 '중국이라는 만리장성'이라는 제목으로 대체되었다. '장성'이 우리에게는 단지 저렴한 패키지여행의 한 코스로만 알려져 있지만 중국 역사에서 차지하는 의의는 그리 간단치 않다. 평소 중국 고전 연구에 매진하고 있는 김월회 교수는 우리에게 왜곡된 이미지로 전달되고 있는 장성에 대해 완전히 새로운 시각을 제시한다. 중국 역사에서 장성은 어떤 의미가 있으며, 또 중국의 역대 왕조에 의해 어떤 식으로 활용되어 왔는지 알 수 있다. 과연 장성은 북쪽 유목민족의 침입에 맞서 중국의 역대 왕조가 쌓아올린 방어적인 성격만 갖고 있는가? 김월회 교수의 결론은 그렇지 않다는 것이다. 왜 그런 식의 추론이 가능한지는 구체적인 강의를 통해서 알아볼 수 있을 것이다.

8명의 중국 전문가가 각자 자신의 전문영역에서 강의한 내용을 모아 놓은 만큼 전체적인 일관성은 떨어진다. 하지만 동시에 서로 다른 시각에서 다양한 내용을 맛볼 수 있다는 이점도 있다. 앞으로도 중국학@센터에서는 이런 기획물을 계속해서 내놓을 예정이다. 독자들의 열띤 호응이 이어지기를 바라는 마음으로 향후 작업도 기대해 본다.

2016년 4월의 마지막 날
강연자들을 대표하여
조관희

중국 학교 1

제1강

그림신문으로 보는 근대 중국 _민정기

제2강

시로 열어 보는 중국의 문 _홍승직

제3강

《삼국지》는
왜 읽어야 하는가 _서성

제4강

중국의 역사를 바꾼 전쟁 _조관희

중국 학교 2

서문 004

제5강

영화로 보는 중국 _임대근

제6강

인문기행 중국
: 배낭대학 _윤태옥

제7강

중국인이 열광한 중국의 명품 _리무진

제8강

중국이라는 만리장성 _김월회

그림신문으로 보는 근대 중국

| 민정기 |

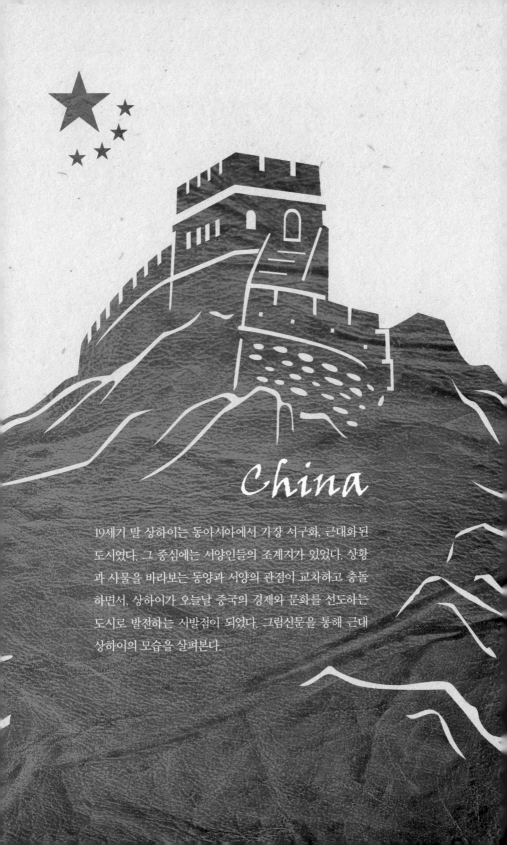

China

19세기 말 상하이는 동아시아에서 가장 서구화, 근대화된 도시였다. 그 중심에는 서양인들의 조계지가 있었다. 상황과 사물을 바라보는 동양과 서양의 관점이 교차하고 충돌하면서, 상하이가 오늘날 중국의 경제와 문화를 선도하는 도시로 발전하는 시발점이 되었다. 그림신문을 통해 근대 상하이의 모습을 살펴본다.

반갑습니다. 민정기입니다. 인하대학교 문과대학 중국언어문화학과에 재직하고 있습니다. 저는 화보畫報, 즉 그림신문을 가지고 이야기를 해볼 텐데요, 화보는 영어 '일러스트레이티드 뉴스페이퍼illustrated newspaper'를 한자어로 번역한 것입니다. 오늘 주로 얘기할 그림신문은 〈점석재화보點石齋畫報〉입니다. 이 신문은 1884년부터 1898년까지 열흘에 한 호씩 상하이에서 발행되었습니다.

〈점석재화보〉는 19세기 말 근대 중국인에 의해 시각화된 중국과 세계의 갖가지 사물을 우리에게 보여 주고 있습니다. 당시 중국인 눈에는 무엇이 신기하게 비쳤을까요? 〈점석재화보〉가 재현하는 옛 중국으로 함께 여행을 떠나 보지요. 주로 둘러볼 곳은 이 그림신문의 발행지이기도 한 상하이입니다.

사서
《논어》, 《맹자》, 《중용》, 《대학》의 네 경전을 아울러 이르는 말.

💥 〈점석재화보〉를 만든 사람

제호에 나오는 '점석재'는 이 화보를 발간한 출판사 이름입니다. 당시 상하이에서 가장 영향력 있던 일간지가 〈신보申報〉였는데요, 〈점석재화보〉는 이 신문의 발행인이었던 어니스트 메이저(Ernest Major, 중국명 美查)가 창간한 중국 최초의 본격 화보였습니다. 메이저는 영국인입니다. 이 사람은 본래 형과 함께 무역을 하려고 상하이에 들어왔는데, 무역보다는 신문출판업이 더 낫겠다는 판단에서 일간지를 발행하기 시작했고, '점석재석인서국點石齋石印書局'이라는 출판사를 따로 세워 서적을 발간했습니다.

출판사 이름에 '돌 석石' 자가 들어가 있는데요, 당시 서양에서 들여온 최첨단 기술인 석판인쇄술을 써서 책을 냈기 때문입니다. 제가 인쇄기술은 잘 모릅니다만, 이 기법이 오늘날의 오프셋 인쇄offset printing의 기초가 되었다고 하네요. 기름과 물이 섞이지 않고 밀어내는 성질을 이용해서 기존의 목판인쇄보다 훨씬 정교하게 책을 만들 수 있었다고 합니다.

그 인쇄기술을 가지고 들어와서 처음에는 중국의 전통 서적, 그러니까 사서四書나 자전字典 같은 것을 찍었다고 합니다. 석판인쇄술이 축소 인쇄가 가능한 기술이라서 이런 책을 손바닥에 들어갈 정도로 작게 인쇄했는데요, 주로 누구한테 팔았을까요? 당시 과거시험을 준비하던 수험생들에게 팔았다고 합니다. 본래 의도는 어디든 가지고 다니며 공부하라는 뜻이었을 텐데, 실제로는 이 책을 가지고 과거시

험장에 들어가는 일이 벌어지면서 사회적인 문제가 되기도 했답니다. 어쨌든 이걸로 돈을 굉장히 많이 벌었다고 하네요.

이 메이저라는 사람이 그 후 눈을 돌린 분야가 그림신문이었습니다. 그때 이미 영국, 프랑스, 독일 같은 유럽 국가에서 그림신문이 발간되고 있었습니다. 대표적인 것 중에 하나가 〈일러스트레이티드 런던 뉴스The Illustrated London News〉였습니다. 이 신문의 주요 독자층은 근대적인 보통교육을 통해 글자를 익히게 된 부녀자들과 중하층 사람들이었습니다. 고등교육을 받은 사람들보다는 어느 정도 문자해독이 가능해진 이들, 뭔가 읽고 싶긴 하지만 글로만 빽빽하게 찬 책은 읽기 부담스러워 하는 층이죠. 그들을 대상으로 세상의 여러 가지 뉴스도 전하고 흥미로운 이야깃거리도 전하는 매체였습니다.

메이저가 자기 고향에서 인기 있는 이 그림신문을 중국에 도입하면 어떨까 하는 생각을 했습니다. 처음에는 영국에서 발간되던 화보에서 중국인이 관심을 가질 만한 세계 곳곳의 경물(景物, 계절에 따라 달라지는 경치)이나 신기한 발명품 그림을 골라, 설명문만 중국어로 바꿔서 시험적으로 발행해 봤습니다.

그러나 생각만큼 잘 팔리지 않았다고 합니다. 몇 번 발행하다가 중단했습니다. 이때 자료는 거의 남아 있지 않아서 추정할 수밖에 없는데요, 아마도 중국인들이 흥미를 가지기에는 유럽의 풍경과 물건이 너무 생소하지 않았을까요? 아니면 반대로 당시 조계(租界)가 설치되어 있던 상하이에는 이미 서양식 건물과 문물이 상당히 들어와 있어서,

굳이 그림신문으로까지 봐야 할 이유가 없었을지도 모르겠습니다. 무언가 중국인의 기대에 미치지 못하는 게 있었던 것이죠. 여하튼 서양 경물 위주로 그림신문을 만든 시도는 실패했습니다.

그러다가 1884년에 베트남을 두고 중국과 프랑스 간에 주도권 싸움이 시작됩니다. 이때 점석재석인서국에서 전황을 소개하는 한 면짜리 인쇄물을 찍어 아주 싼값에 팔았습니다. 그림을 중심에 둔 일종의 호외였습니다. 그런데 이 인쇄물이 크게 인기를 끌었어요. 물론 전쟁 자체가 관심을 끄는 주제이기도 했겠지만, 인쇄물의 형식도 중국인의 이목을 끄는 데 한몫을 했습니다.

인쇄물 한 면에 그림과 기사를 함께 실었는데요, 이것이 사실 중국인에게는 익숙한 형식이었습니다. 여러분도 전통 중국화를 많이 보셨을 텐데요, 예를 들어 산수화라든지 꽃과 새를 함께 그린 화조도 등을 보면 대부분 그림의 빈 면에 시를 써넣지 않습니까? 그림과 함께 시도 읽는 것이죠. 점석재석인서국에서 발행한 인쇄물도 바로 이 방식을 채택했습니다. 무엇보다도 이 인쇄물은 그저 무엇을 보여 주는 데 그치지 않고 어떤 이야기를 전하고 있는데요, 이것이 일반 중국인들이 익히 좋아하던 것이었습니다. 조금 뒤에 보시면 아시겠지만 그림체도 전통적인 소설 삽화를 기초로 해서 친근한 느낌이 들게 했습니다. 이 인쇄물이 히트를 치면서 바로 그해에 〈점석재화보〉가 탄생하게 됩니다.

〈점석재화보〉

🎐 〈점석재화보〉 개요

〈점석재화보〉는 순간旬刊으로, 즉 열흘에 한 번씩 꾸준히 발행되어 528호까지 나왔습니다. 현재 4,647폭의 그림과 글이 남아 있지요. 이 자체가 하나의 미디어 현상으로 근대 상하이의 성격을 잘 보여 줄 뿐만 아니라 과거의 중국을 연구하는 데도 좋은 참고자료가 되고 있습니다.

〈점석재화보〉는 보통 8~9폭의 그림기사를 한 호로 묶어 발간했습니다. 일정 분량이 발간되면 그것을 합본해서 팔았습니다. 그리고 다음 호부터 분량이 쌓이면 또 묶어서 파는 방식이었습니다.

〈점석재화보〉는 1898년에 정간한 뒤 전체 분량을 다섯 세트로 묶어서 출판한 적이 있는데요, 앞쪽에 나온 사진은 이것을 다시 1990년대 초에 옛날 책 형태로 출판한 것입니다. 사진으로는 크기가 잘 가늠이 안 되시죠? 이 화보를 양쪽으로 펼치면 요즘 우리가 많이 쓰는 A4 종이 한 장보다 약간 작습니다. 그 크기에 비하면 그림이 굉장히 세밀하게 그려진 것을 알 수 있습니다.

오른쪽 위는 〈점석재화보〉의 한 장면입니다. 아래는 앞서 말씀드린 〈일러스트레이티드 런던 뉴스〉의 한 면인데요, 그림체가 완전히 다르다는 것을 알 수 있습니다. 판화로 제작한 것이지만, 유화만큼은 아니어도 서양 회화가 발전시켜온 명암법이라든지 근대에 와서 완성된 투시원근법 등이 정확하게 반영된 그림입니다. 이에 비해 중국 인쇄물의 그림은 선 위주죠? 서양의 투시법을 어느 정도 받아들이기는 합

제1강 그림신문으로 보는 근대 중국

THE ILLUSTRATED LONDON NEWS

Stamped Edition, 6d.

No. 831.—VOL. XXIX.]   SATURDAY, NOVEMBER 22, 1856.   [WITH A SUPPLEMENT, FIVEPENCE.

SOCIAL CORRUPTION.

IF any intelligent stranger should desire to form a judgment on the people of this country, and betake himself to the newspapers for that purpose, what is the verdict which he might pronounce upon us? If he studied the newspapers of the last month only—or if he went further back, and included a whole year within the circle of his observation—is it likely that his estimate of the public morality would be high or low? Would he be without warrant if, as the result of his investigations, he declared that a dense corruption extended over the land; that the lower classes were brutal and irreligious; the middle and trading classes cheats, falsifiers, and adulterators; the commercial classes gamblers and swindlers; and the upper classes worshippers of Mammon and traffickers in politics,—for the most part incompetent to fill the high offices into which they thrust themselves, and, when not incompetent, dishonest? We do not say that the intelligent stranger would be right in coming to such awful conclusions; but we fear he could adduce far too many proofs of the truth of his assertions, and appeal to ourselves against ourselves, in the indictment against English society which he might draw up from the columns of the English newspapers.

To begin with the lower classes, he might say, judging from leaders and letters in the *Times*, and from the records of our police offices, that life and property were notoriously insecure in the metropolis of the world; that the police force, established for the public protection, was utterly useless; that men returning peaceably to their homes were garotted in the streets; that burglaries were of nightly occurrence, both in the heart of the town and in the suburbs; that the roads swarmed with sturdy beggars, who made it their especial business to waylay and threaten unprotected women; that a murder of the most cowardly and brutal character was committed in one of the principal streets—in the sight of a score of persons—and that so low were the people sunk in apathy, or so great was their sympathy with the evil-doer, that none but a generous boy of fourteen years of age had courage or presence of mind enough to raise the hue and cry after the assassin. Coming to the trading classes, he might point to the recent inquiries into the adulteration of almost every article of food supplied to the population, to prove that thousands of shopkeepers not only cheated but poisoned their customers; and that to give short weight and short measure was considered but a venial offence by thousands of retail dealers who called themselves respectable, and who might stand without a blush in the witness-box to prosecute a shoplifter, or an errand-boy who had dipped his unholy fingers into their tills. As regards the higher ranks of trade, commerce, and public employ, he might run over a long and unhappy list of delinquencies. Going back for a few months, he might begin with the knaveries of Sir John Dean Paul and his partners. He might show how religion and philanthropy were used as cloaks to deceive and to defraud. Thence, passing to the case of John Sadleir—a member of the Legislature, a Lord of the Treasury, a man controlling several votes in Parliament—he might prove, from the hideous complication of crime of which that fruitful brain was the concocter, that the poor and the uneducated had no monopoly of villany, and that the lawmakers in our land were sometimes the most heinous of lawbreakers. Still running his eyes over the broad pages of our daily history, he might come to the Royal British Bank, its scandalous mismanagement, and its gross defalcations; to Robson, the dashing clerk of the Crystal Palace Company, and his easily-executed and gigantic thefts; and, within the last few days, to the still more stupendous, and still more easily-executed, robberies of a greater and more magnificent offender—the transfer-clerk of the Great Northern Railway Company,—to the man of taste, the virtuoso, and the friend of the arts—to the elegant, the accomplished, the charitable, the religious Leopold Redpath. He would find all these glaring cases upon the surface; and might, without any contravention of the laws of reason-

FIRE AT THE CENTRAL DISTRICT SCHOOLS, SUTTON.—SEE NEXT PAGE.

〈일러스트레이티드 런던 뉴스〉

니다만, 중국 전통의 원근 관념이 아직 살아 있습니다. 예를 들어 멀리 있다고 작게 그리지를 않죠.

여기 앞에 앉은 분과 뒤에 앉은 분을 그린다 칩시다. 투시원근법에 따르면 앞에 사람이 크고 뒤에 사람은 작게 그려야겠죠? 그런데 중국인들은 뒤에 앉은 분이 원래 작은 분이 아니라 단지 나로부터 멀리 있어서 작게 보이는 것이니, 화면에 작게 그려서는 안 된다고 생각합니다. 만약 뒤에 앉은 분이 사회적인 지위나 연령이 높은 분이라면 그분을 오히려 더 크게 그리는 것이 중국식 관념입니다.

〈일러스트레이티드 런던 뉴스〉의 첫 면을 한번 보시죠. 활자화된 기사가 따로 있고 기사 내용에 호응하는 그림을 배치합니다. 그림 바로 아래에는 설명이 따라붙습니다. 지면 구획이 분명하죠? 반면에 앞서 보신 인쇄물이나 〈점석재화보〉에서는 한 면 안에 모든 것이 어우러져 있는 것을 알 수 있습니다.

🌺 〈점석재화보〉가 다룬 뉴스

상하이 관련 그림기사를 보기 전에 〈점석재화보〉에서 대개 어떤 뉴스를 흥미롭게 다루었는지를 살펴보겠습니다. 다음 쪽 위에 나온 그림은 창간호의 첫 그림입니다. 〈점석재화보〉 전체 분량의 맨 앞자리에 놓인 의미 있는 그림이죠.

제목은 '역공북녕力攻北寧'입니다. 북녕은 베트남 북쪽, 중국 윈난雲南성과 마주하고 있는 성읍의 이름입니다. 베트남어로는 '박닌Bắc Ninh'이

〈力功北寧〉(1호, 1884. 5.)

라고 한답니다. 바로 그 박닌 성을 프랑스군이 공격하는 모습을 그린 그림입니다. 이게 첫 화면에 실렸습니다.

흥미로운 것은 이 그림에 대한 해설, 그리고 그림이 차용한 시선입니다. 그림을 잘 보시면 아래쪽에서 프랑스군이 포를 쏘고 있는데, 정작 성 위에는 방어하는 군인이 보이지 않습니다. 프랑스군이 박닌 성을 공격해 왔는데, 원군으로 간 청나라 군대가 전통적으로 내려오는 공성계空城計를 사용해 성공적으로 물리쳤다고 합니다. 공성계는 성을 비우거나 열어 두어 적을 교란하는 방법이죠. 기사의 설명은 분명 '중국 쪽'에서 '본' 이야기입니다.

저는 이 그림을 처음 봤을 때 의문이 들었습니다. '왜 성 위에서 아래를 바라보는 방식으로 그리지 않았을까'라는 거였죠. 공성계를 효과적으로 표현하기 위해서였을까요. 그건 아닌 것 같습니다.

독자들은 그림 그리는 화가의 시선에서 보게 돼 있잖아요. 그런데 이 그림은 완전히 프랑스군의 시점으로 상황을 보고 있습니다. 아마도 프랑스 쪽에서 그린 기록화를 입수해서 옮긴 것이 아닐까 하는 추정을 해 봤습니다. 왜냐하면 당시 유럽에서는 전쟁이 일어나면 종군 화가들이 따라다녔거든요. 이 그림의 원본이 되는 프랑스 쪽 그림을 찾을 수는 없었지만, 이와 유사한 그림은 찾을 수 있었습니다.

왼쪽 아래 그림이 정확하게 어느 매체에 실렸는지는 확인되지 않고 있는데요, 채색이 돼 있지만 판화입니다. 앞의 〈점석재화보〉 창간호 첫 그림과 상당히 유사하죠? 포탄이 날아가고 포화가 오르는 상황이 비슷합니다. 다만 여기선 백병전이 묘사되고 있습니다. 프랑스 군과 함께 빨간 모자를 쓴 군인들은 식민지였던 모로코 등지에서 데려온 용병 같습니다. 청나라 병사들은 몰리면서 퇴각하고 있죠? 이 그림의 배경은 박닌 성은 아니고요, 베트남의 다른 성을 공격하는 모습을 프랑스군 쪽에서 그린 것입니다. 하지만 전체적으로 비슷하죠?

이 말씀을 드리는 이유는 단순히 어떤 장면을 어디서 보느냐의 문제를 넘어서 '누구의 관점'으로 보느냐가 중요하기 때문입니다. 묘사하고 전달하는 주체의 위치는 물리적인 위치이기도 하지만 특정 입장과도 연결돼 있습니다. 〈점석재화보〉의 발행인이 영국인, 즉 유럽인이었다는 점, 그리고 맨 처음 그림이 이렇게 묘사돼 있다는 사실이 향후 우리가 관찰할 그림들을 이해하는 데도 중요한 참조점이 되리라고 생각합니다. 그러고 보니 '힘을 다해 박닌을 공략하다'라는 뜻의 제목 '역공북녕'도 공격하는 프랑스군의 입장이네요. 물론 기계적으로 구애받을 필요는 없을 것 같아요. 기사를 썼던 사람도, 그림을 그렸던 사람도 다 중국인이니까요. 말하자면 상황과 사물을 바라보는 관점의 교차와 충돌 그리고 착종(錯綜, 이것저것이 뒤섞여 엉클어짐), 그런 것을 염두에 둘 필요가 있겠습니다.

〈점석재화보〉라는 매체의 성격을 알아보는 차원에서 우선, 상하이 말고 중국 안팎의 여러 곳에서 일어난 일을 다룬 그림들을 먼저 보여드리겠습니다. 오른쪽 그림을 보시면 앞에 있는 사내가 칼 같은 것을 들고 있습니다. 언뜻 보기에도 뭔가를 도려내려는 것 같죠? 자해를

〈刲肝療父〉(1호, 1884. 5.) 부분

하는 모습 같이도 보입니다만, 사실은 자기 간을 도려내서 아버지 병환을 치료했다는 미담을 소개하는 그림입니다.

화면 뒤쪽에 보면 머리에 물수건을 얹고 간호를 받고 있는 아버지가 있습니다. 그림 제목도 '규간료부剖肝療父', 간을 잘라내어 아버지를 치료한다는 뜻입니다. 〈점석재화보〉에서는 이런 종류의 미담이 뉴스로 제법 많이 전해졌습니다. 그런데 상하이 조계는 이런 미담이 있는 공간이 아닙니다. 전통적 덕목을 강조하는 이와 같은 미담은 언제나 상하이 '바깥' 공간에서 존재하는 것으로 인식되었습니다.

오른쪽 그림 제목의 '견재기의見財起意'란 말은 재물을 보자 마음이 동한다는 뜻이죠? 본래는 2폭인데 그중 일부만 가져온 그림입니다. 내용은 이렇습니다. 두 친구가 여행하던 중에 날이 어둑어둑해져서 묵을 곳을 찾았습니다. 불이 많이 보이는 큰 마을은 너무 멀어 보여서 산모퉁이 주막에 묵기로 했습니다. 그런데 한 친구가 그 주막이 너무 맘에 들지 않아서 큰 마을에 잠잘 곳이 있는지 보러 간 사이에, 주막 주인이 남아 있는 나그네를 죽였습니다. 가진 게 좀 있어 보였나 보지요? 이 장면이 바로 나그네를 죽이는 장면입니다.

마을로 내려갔던 나그네는 낌새가 아무래도 이상해서 마을 사람들을 데리고 주막에 들이닥칩니다. 그런데 이미 동행하던 친구는 죽었을 뿐만 아니라 절단 난 상태로 솥에 들어가 삶기고 있었습니다. 나머지 화폭에 바로 그 장면이 나옵니다. 이런 엽기적인 이야기도 화보에 실렸습니다. 사실 이런 괴담류 이야기가 중국 문학사에서는 '지괴

〈見財起意〉(3호, 1884. 5.) 부분

〈英國地震〉(4호, 1884. 6.)

〈銀行倒閉〉(8호, 1884. 7.)

상하이 성 요셉 성당

志怪', '전기傳奇'라 하여 이야기의 중요한 부류로 아예 자리를 잡고 있습니다. 이 그림도 바로 그 흐름과 무관하지 않아 보입니다.

왼쪽 위의 그림은 영국에서 일어난 지진을 묘사한 그림입니다. 아래 그림은 뉴욕의 은행에 금융난이 일어났다는 소식을 전하는 그림입니다. 일종의 공황이겠죠? 아마 월 가인 듯한데요, 군중이 거리로 쏟아져 나와 혼란스러워하는 장면입니다.

당시 런던이나 뉴욕에 이런 거리가 있었는지를 확인하기 위해서는 자료를 찾아 대조를 해봐야겠죠. 그런데 재미있는 사진이 하나 있습니다. 바로 위의 사진인데요, 이 사진은 유럽이나 미국이 아닌 상하이 조계지를 찍은 사진입니다. 거기 있는 성당을 중심으로 형성된 거리

〈蘇京故宮〉(〈漫游隨錄〉삽도)

입니다. 이 성당과 거리는 지금도 남아 있습니다. 앞에서 본 런던이나 뉴욕과 굉장히 유사하다는 사실을 알 수 있죠?

이런 자료들을 보면 〈점석재화보〉의 화가들이 상하이 밖에 있는 건물들은 정확하게 묘사하지 못하고 있다는 사실을 알 수 있습니다. 어떤 정확한 모본이나 자료가 있다면 그것을 보고 그리기도 하고, 경우에 따라서는 자신들이 알고 있는 장면들을 조합하기도 합니다.

왼쪽 그림은 〈점석재화보〉의 부록으로 연재되었던 왕타오王韜라는 사람의 유럽 기행문 삽도揷圖입니다. '소경고궁蘇京故宮'이라고 되어 있는데 '소'는 스코틀랜드고요, '소경'은 스코틀랜드의 수도를 가리키니까 에든버러가 되겠죠? 에든버러의 옛 궁궐이라는 뜻입니다. 그런데 그림이 아무래도 실제 에든버러를 그린 것으로는 보기 힘듭니다. 여기에 그려진 건물들은 인도나 동남아시아 등지에서 지어졌고 당시 상하이에서도 볼 수 있었던 식민지 양식의, 현지화한 유럽식 건물입니다. 화가들이 익히 알고 있는 이런 이미지를 가지고 스코틀랜드 도시 풍경을 재현하고 있는 것입니다. 저 뒤에 산 정상에 서 있는 탑은 다분히 중국적인 모습이죠?

다음 쪽 첫 번째 그림은 '해외숭산海外崇山'이라는 제목인데요, 중국 밖 바다 건너 페루라는 나라에 높고 험준하고 아름다운 산이 있다고 소개하는 그림입니다. 철로가 뚫려서 기차가 다니는 모습까지 표현하고 있는데요, 산의 모습이 아무래도 중국 산수화를 닮았죠? 비록 필묵으로 그린 것은 아니지만 바위라든지 수목이 전형적인 중국 산

〈海外崇山〉(333호, 1893. 4.)

〈海外奇談〉(473호, 1897. 1.)

〈水底行船〉(1호, 1884. 5.)

〈新樣氣球〉(1호, 1884. 5.)

〈力士賽行〉(339호, 1893. 6.)

수화에 등장하는 모습입니다.

화보는 대중적인 매체이다 보니 이목을 놀라게 하는 사건·사고를 다루지 않을 수 없겠죠? 두 번째 그림의 제목은 '해외기담海外奇談'입니다. 언뜻 보면 기차 사고 소식을 전하는 것 같죠? 하지만 기차 사고 내용은 아닙니다. 간혹 이렇게 기사 내용과 그림이 어긋나는 경우가 있습니다. 그림을 보시면 기차 바깥에 사람들이 손을 번쩍 들고 깜짝 놀라는 포즈를 취하고 있습니다. 자세히 보면 기차 안에 탄 승객들도 놀라는 표정과 몸동작을 하고 있습니다. 기사가 전하는 내용은 기차가 선로를 이탈해 물에 빠졌다는 내용이 아니라, 서양 사람들은 새로운 무언가를 만들어 내는 데 뛰어나서 증기를 이용해 물속을 갈 수 있는 탈것을 만들어 냈다는 내용입니다. 어떻게 보면 잠수정을 소개하는 내용인데요, 증기기관으로 잠수를 하는 교통수단이니까 화가가 기차를 연상한 게 아닐까요. 아마 화가에게 정확한 이미지는 주어지지 않고 말 또는 텍스트로만 내용이 전달되지 않았나 싶습니다.

세 번째 그림은 잠수정 같지요? 북극의 빙하 밑을 다닐 수 있는 잠수정이 발명됐다는 소식입니다. 여기서는 잠수정의 단면을 잘라 보여주고 있습니다.

네 번째 그림은 기구氣球입니다. 기사는 보불전쟁에 대한 언급에서 시작하고 있는데요, 기구와 같은 새로운 발명품이 전쟁에 이용되기도 하고 사람과 물건을 나르는 데도 사용되고 있다는 소식입니다.

마지막 다섯 번째 그림기사는 미국의 유명한 육상선수를 소개하고

〈番食倭肉〉(418호, 1895. 8.)

있는데요, 뜀박질 운동이 당시 중국인들 보기에는 희한한 풍습이었습니다. 다른 기사에서는 서양인의 육상대회를 전하면서 '서양인들은 무엇 때문에 저렇게 애쓰며 뛰고 넘는지 모르겠다'고 쓰고 있습니다. 불과 100년, 150년 전인데 사물과 현상을 바라보는 관점이 그렇게 달랐다는 것이죠. 오늘날에는 당연하고 자연스러운 것을 그 당시에는 생소하고 진기한 것으로 받아들였습니다.

〈점석재화보〉에서는 서양의 도시와 함께 상하이 조계를 가장 '문명화'된 공간으로 보여 줍니다. 당시 서양 열강이 자기들은 문명, 중국은 반문명, 그리고 어디는 야만, 이런 식으로 표상했는데, 어느 정도는 세계를 위계화해서 보는 이러한 관점을 수용하고 있습니다. 물론 여전히 힘을 가지고 있던 중화사상도 반영되어 있지요.

상하이의 매체가 중국의 '변경' 가운데 한 곳이었던 타이완의 원주민을 어떻게 재현하고 있는지 볼까요. 1895년 청일전쟁이 끝나고 시모노세키 조약에 의해 타이완이 일본에 할양됩니다. 그래서 타이완이 우리보다 15년 정도 더 일제 식민지로 있었습니다. 타이완에서도 어느 정도 저항이 있었습니다. 특히 일본군이 타이완 산악지역에 있는 원주민을 소탕하는 데 어려움이 있었습니다. 〈점석재화보〉는 몇 차례에 걸쳐 원주민의 저항을 전하고 있는데, 흥미로운 것은 한 화면에서 원주민들이 일본 병사를 잡아 인육을 먹는 상황을 그려 보이고 있다는 점입니다. 왼쪽의 그림을 보면 '번식왜육番食倭肉'이라고 돼 있는데요, '번'은 타이완 산간지역에서 사는 원주민을 가리킵니다. '왜'는 일본인이겠지요.

청일전쟁 이전 〈점석재화보〉에서는 일본을 '일日' 또는 '일본'이라고 칭합니다. 그러나 전쟁이 시작되면서 '왜倭'라고 칭하기 시작합니다. 노비를 가리키는 '노奴'자도 같이 써서 '왜노倭奴'라고 칭하는데, 매우 비하하는 호칭으로 '왜놈'에 해당한다고 볼 수 있겠습니다. 이 기사의 내용은 '일본 놈들이 침략을 했는데 이런 꼴을 당하게 됐다니 거참 고소하다' 정도가 될 것 같습니다. 사실 이 그림은 매우 끔찍한 장면이잖아요. 중국의 〈점석재화보〉 독자들이 이 그림을 어떻게 받아들였을지 무척 궁금합니다.

일본군은 침략자이지만 군복으로 의관을 갖춘 문명인의 모습을 하고 있고, 밉살스런 '왜놈'들에게 저항하는 쪽은 식인을 서슴지 않는 야만의 모습을 하고 있잖아요. 독자들이 과연 어느 쪽에다가 자기를 동일시했을까요? 그런 점에서 묘한 그림입니다.

오른쪽 위 그림은 정확한 지명은 안 나옵니다만 동남아 어딘가에 사는 원주민의 엽기적인 풍습을 전하는 것입니다. 다른 부족과 싸워서 죽인 사람 머리를 이용해 술을 걸러 먹는다는 내용입니다. 이처럼 타이완이나 동남아 지역은 대체로 야만의 공간으로 그려집니다.

아래 그림은 조선의 모습입니다. 한양성 삼청동이 배경입니다. 여기서 머리가 2개이고 다리가 4개인 도깨비가 출몰해 사람들을 놀라게 했다는 내용입니다. 조선 사람들의 의관은 대체로 정확하게 그려지고 있습니다. 조선인의 갓 쓰고 도포 입은 모습이 잘 알려져 있었

〈人頭瀘酒〉(185호, 1889. 4.) 부분

〈洞中有怪〉(463호, 1896. 10.)

〈山魈梗路〉(307호, 1892. 8.)

으니까요. 중국인이 볼 때 조선은 사람을 잡아먹는 것 같은 끔찍한 사건이 일어나는 야만의 공간은 아닙니다. 중국의 시골과 마찬가지로 전통적 덕목의 미담이 전해지는 공간이거나, 이 그림처럼 귀신이 출몰하는 공간으로 그려집니다.

왼쪽 그림의 배경은 중국 산골입니다. 조선의 예처럼 도깨비가 출몰한 사건을 다루고 있습니다. 이런 그림들이 실제 사건을 묘사하지는 않았다고 하더라도, 당시 사람들의 관념이 어떠했는지를 보여 주는 자료로 매우 중요합니다. 재미있는 것은 타이완이나 동남아시아의 원주민, 그리고 도깨비나 저승사자 같은 존재들이 거의 비슷한 모습으로 묘사되고 있다는 점입니다.

🌺 근대 상하이의 출발

이제 상하이에 관한 기사화면을 가지고 〈점석재화보〉가 그려 보이는 중국의 근대에 관해 이야기해 보겠습니다. 상하이는 이 매체가 발간되던 장소이며 당시 동아시아의 도시 가운데 가장 국제화된 곳이기도 했습니다.

상하이는 1842년 제1차 중영전쟁의 결과로 체결된 난징 조약에 따라 개항한 다섯 항구 가운데 하나입니다. 중영전쟁을 예전에는 아편전쟁이라고 많이 불렀죠? 상하이는 1860년대를 지나면서 중국의 대표적인 대외 무역항이었던 광저우廣州를 제치고 중국 최대, 나아가 아시아에서 가장 중요한 항구도시로 부상합니다.

〈점석재화보〉가 바로 이곳 상하이에서 발행되었기 때문에 그 어느 곳보다 상하이에서 벌어진 일을 생생하게 보도하고 있습니다. 상하이 관련 기사의 양이 가장 많았다고는 할 수 없습니다만 비교적 정확한 시각적 정보를 제공해 준다고 할 수 있지요. 또 그곳에서 벌어지던 다양한 사건을 중국인은 어떻게 바라보고 있는지, 다소 잠복돼 있긴 했지만 서양인은 그것을 어떻게 바라보는지, 그 교차하는 시선을 우리에게 전하고 있습니다. 오늘날 중국의 경제와 문화를 선도하고 있는 이 상하이라는 도시가 오늘날처럼 발전하게 된 시발점인 19세기 후반으로 시간여행을 떠나도록 하겠습니다.

위 그림은 1860년대 서양인이 그린 상하이의 모습입니다. 저기 앞에 보이는 물이 황푸黃浦 강으로 건너편이 강의 서쪽입니다. 통상 '와이탄外灘'이라고 부르는, 외국인들이 조계지를 설정해서 거주하기도 하고 영업하기도 했던 강변지역입니다. 이편이 현재 마천루가 서있는 황푸 강의 동쪽이죠. '푸둥浦東'이라고 부르지 않습니까?

오늘날 우리가 와이탄에서 볼 수 있는 건물들은 대개 20세기 초반에 증축하거나 새로 지은 것들입니다. 따라서 그림의 건물들은 그 이전을 보여 준다고 이해하시면 되겠습니다. 지금처럼 높진 않지만 그림에서 보면 3~5층 정도로 지어진 것을 알 수 있습니다. 또 오늘날과 다른 것은 강 위에 배가 엄청나게 많이 떠 있다는 것입니다. 그만큼 활발한 항구였다는 뜻이겠죠?

20세기 초에 쑤저우蘇州 출신으로 상하이에 나와 활동했던 바오톈샤오包天笑라는 작가가 있는데, 이 사람이 어린 시절 상하이에 처음 갔을 때의 인상을 기록한 글에 이런 대목이 있습니다.

쑤저우허蘇州河를 통해 배를 타고 상하이로 갑니다. 배가 쑤저우허에서 황푸 강에 막 접어들 때 받았던 충격을 노년에 회고한 내용인데, 두 가지를 강조합니다. 하나는 황푸 강에 엄청나게 많은 돛대가 보였다는 겁니다. 또 하나는 강안을 쳐다보니 엄청나게 큰 석조건물들이 있었다는 겁니다. 바로 그림이 보여 준 것과 같은 광경이었겠습니다. 물론 오늘날의 고층건물은 말할 것도 없고 20세기 초에 새로 짓거나 증축한 석조건물에 비해도 그렇게 크다 할 수는 없죠. 그러나 쑤저우라는 전통적인 공간에서 나고 자란 소년의 눈에는 정말 어마어마하게 큰 건물로 보였던 것입니다.

왜냐하면 목조건물은 높이 올리기가 어렵고, 아무리 크게 지어도 황제의 궁궐보다 키울 수는 없기 때문이죠. 중국에서 번화한 전통 도시 가운데 하나였던 쑤저우의 가장 큰 불교나 도교 사원도 와이탄의 석조건물에 비하면 작은 규모였습니다.

그리고 강안에 올라 마주친 또 한 가지 흥미로운 기물을 언급합니다. 바로 인력거입니다. 인력거는 근대에 유럽 밖에서 발명된 몇 안 되는 이동수단이라고 합니다. 일본에서 처음 사용되기 시작했고 곧바로 상하이로 전해져서 〈점석재화보〉가 한창 발간되던 1880년대 중반에는 상하이 조계를 묘사한 그림에 굉장히 많이 등장합니다. 인력거는 인도는 물론이고 유럽까지 건너갔다고 합니다.

말하자면 상하이는 당시 동아시아에서 가장 서구화되고 근대화된 도시였는데요, 그 중심에는 서양인들의 조계지가 있었습니다.

제1차 중영전쟁 결과로 5개 항구가 개항했다고 말씀드렸죠? 남쪽에서부터 보면, 청나라 시대 유일하게 바깥세상과 무역할 수 있게 허락된 항구도시였던 광둥廣東 성 광저우도 다섯 항구에 포함됐고요, 푸젠福建 성에서는 타이완 섬 바로 맞은 편의 샤먼廈門과 좀 더 북쪽의 푸저우福州가 열리고, 조금 더 위로 올라가서 항저우 만杭州灣 아래쪽 저장浙江 성의 닝보寧波가 또 개항을 했습니다. 그리고 상하이입니다. 그러니까 다섯 항구 중에 상하이가 제일 북쪽이었죠. 보시면 상하이가 중국 동쪽 해안의 딱 중간에 있는 것을 아실 수 있습니다.

더 북쪽으로 올라가면 산둥山東 반도의 남쪽 정도 가야 큰 항구가

난징 조약에 따라 개항한 항구의 위치.

들어설 입지가 됩니다. 산둥 성의 칭다오青島나 랴오닝遼寧 성의 다롄大連, 그리고 보하이 만(발해만)으로 들어가서 수도 베이징 바로 턱밑에 있는 톈진天津 등이 죄다 영국인이 노리던 곳이었지만, 난징 조약 체결 당시에는 중국이 막아냈죠.

　상하이는 20년 만에 광저우를 제치고 중국에서 가장 큰 무역항으로 성장했다고 말씀드렸습니다. 여러 가지 이유가 작용했겠죠? 우선 한반도와 일본으로 접근하기에 좋은 위치에 있고, 중국 해안의 중간

S자로 흘러 장강 하구로 흘러드는 황푸 강. ★표시된 곳이 과거 조계지가 자리 잡았던 곳으로, 오늘날의 행정구역상 황푸구다.

지점에 있어 남북으로 오르내리기 좋다는 이점도 있었습니다. 가장 중요한 입지는 상하이 바로 북쪽이 저 내륙 깊숙이까지 연결되는 중국에서 가장 긴 창장長江 강(이하 장강)의 하구라는 점입니다. 오늘날에도 큰 선박들, 유람선과 화물선이 내륙의 충칭重慶까지 운행하고 있습니다.

앞서 말씀드린 황푸 강은 북쪽으로 휘돌아 장강 하구로 흘러들어가지요. 황푸 강이 상하이를 지나며 S자로 휘어지는 곳에서 샛강 하나를 만나는데요, 우쑹吳淞 강이라고도 하고 쑤저우허라고도 부릅니다. 쑤저우라는 도시에 가보신 분도 계실 텐데요, 요즘은 상하이에서 고속철을 타면 15분 만에 갑니다. 이 물길이 쑤저우까지 이어진다 해서 쑤저우허라고 불리는 겁니다. 상하이의 조계지는 바로 이곳 우쑹 강과 황푸 강이 만나는 그 사이에 최초로 자리를 잡았습니다. 우쑹 강을 통해 쑤저우까지 이어져 있다는 사실도 중요한 입지입니다. 왜냐하면 쑤저우 일대가 명나라와 청나라 때 경제적으로 가장 번성했고 문화적으로도 발달했던 곳입니다. 이곳에서 인재들이 많이 나왔죠.

상하이가 빠르게 발전하며 그 동안 쑤저우 및 인근 지역에 축적됐던 문화 역량을 흡수합니다. 영국인이 상하이에 찍은 조계지는 이런 모든 조건을 아우르는 알짜 지역이었습니다. 아까 보여 드린 서양인이 그린 상하이 그림에서 오른쪽 뒤로 뻗은 물길이 우쑹 강, 즉 쑤저우허로 연결되는 입구입니다.

1842년에 난징 조약을 맺고 이듬해 개항을 하게 되었다고 말씀드렸는데요, 조약에 조계지와 관련된 조항은 없었습니다. 나중에 조계지 설치에 관한 규정을 관철시킨 것이죠. 영국 조계가 1845년 11월에 먼저 획정되고, 그 다음에 미국 조계가 1846년에, 프랑스 조계는 1849년에 획정됩니다.

다음 쪽 지도에서 빨강으로 표시가 된 곳이 옛 상하이 현성입니다. 성곽은 대부분 없어져 남아 있지 않지만 도로를 따라 옛 현성의 경계를 가늠해 볼 수 있고요, 일부 문과 성벽의 흔적이 남아 있습니다. 노랑으로 표시된 곳이 영국인들이 처음 조계지를 얻어 냈던 곳입니다. 황푸 강과 쑤저우허가 만나는 요지죠?

녹색이 미국 조계입니다. 쑤저우허를 사이에 두고 영국 조계와 미국 조계가 들어선 셈입니다. 이후 영국과 미국의 조계는 조금씩 확장을 합니다. 프랑스 조계는 조금 뒤에 상하이 현성과 영국 조계 사이에 남아 있던 자투리땅을 비집고 들어와서 자리를 잡았습니다.

1853년에는 상하이 현성에서 반란이 일어납니다. 현성은 성으로 둘러싸인 옛날 상하이 현을 가리킵니다. 본래 조계지에 중국인이 거

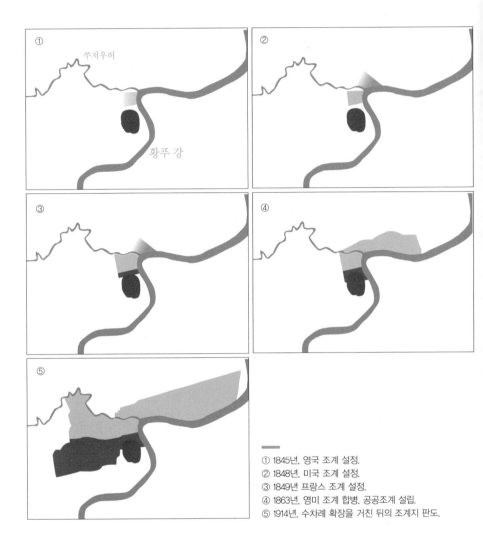

① 1845년, 영국 조계 설정.
② 1848년, 미국 조계 설정.
③ 1849년 프랑스 조계 설정.
④ 1863년, 영미 조계 합병. 공공조계 설립.
⑤ 1914년, 수차례 확장을 거친 뒤의 조계지 판도.

주하는 것은 금지되었습니다. 중국인 고용인들은 낮에만 들어와서 일하다가 퇴근을 하면 나가도록 했습니다. 그런데 현성에서 난리가 나자 여유가 있던 상하이 사람들이 서양인의 보호를 받을 수 있는 조계지 쪽으로 대거 들어옵니다. 이들을 조계 당국은 어쩔 수 없이 받아들이게 되죠. 그리고 이즈음 전국적인 반란이라고 할 수 있는 태평천국의 난이 진행되고 있었는데, 이 때문에 인근의 쑤저우 등지에서도 사람들이 조계지로 몰려들었습니다. 조계지의 서양인 인구가 4천 명쯤 됐는데 중국인이 갑자기 유입되면서 조계지 인구가 급증합니다. 이 무렵부터 조계지 내 중국인 인구는 서양인 인구의 10배 정도 규모를 내내 유지하게 됩니다.

1863년에는 영국 조계와 미국 조계가 합병이 돼서 공공조계가 설치되었고, 프랑스 조계는 별도로 자치기구를 유지했습니다. 프랑스를 제외한 러시아나 일본 같은 다른 외국 세력은 공공조계 안에서 일정한 지분을 얻어서 활동하게 됩니다. 일본인이 모여 살던 곳도 공공조계지 내 쑤저우허 북쪽에 있었습니다. 이후로 이들 조계지는 20세기 초까지 점차 확장되었습니다.

조계지는 서양인과 중국인이 함께 섞여 사는 이른바 '화양잡거華洋雜居'의 공간으로, 중국에서 새로운 질서의 싹이 움트는 곳이 되었습니다. 중국 역사의 흐름에 큰 영향을 준 굵직한 사건이 많이 발생했지요. 1921년에 프랑스 조계지 내에서 열린 중국 공산당의 첫 번째 전국대표대회도 그 가운데 하나였습니다. 물론 이질적인 문화가 만나다 보니 아무래도 충돌 또한 없지 않았겠지요. 규모가 큰 전쟁에서 뿐만 아니라, 이런저런 소소한 충돌이 일어났을 때에도 승자는 대개 서양인이었습니다. 그들은 그때마다 무엇이든 더 챙겼고, 조계지의 확장도 거기에 들어갑니다.

1937년 중일전쟁이 발발하고 얼마 후 일본군이 상하이를 점령하는데, 프랑스 조계와 쑤저우허 남쪽의 공공조계 일부 구역만이 '외로운 섬孤島'과 같은 형국으로 남아 있게 됩니다. 1941년 태평양전쟁 발발과 함께 일본군은 이 구역으로 진격을 시작합니다. 남아 있던 조계지는 1943년에 완전히 함락되고, 상하이의 조계지는 더 이상 존재하지 않게 됩니다.

우리가 보게 될 상하이의 모습은 바로 19세기 후반 이 조계지 안의 모습입니다. 상하이 현성을 그린 화보는 의외로 많지 않습니다. 그나마 있는 것도 아까 보여 드렸던 중국의 시골, 즉 미담의 공간이기도 하고 괴담의 공간이기도 했던 곳과 크게 다르지 않아서 따로 언급하지 않기로 합니다.

🌺 〈점석재화보〉 속의 상하이

이제 본격적으로 〈점석재화보〉를 통해 근대 상하이를 들여다보겠습니다. 근대 상하이를 들여다본다는 것은 곧 근대 중국을 본다는 이야기도 됩니다. 그만큼 이 도시는 근대 중국의 역사에서 차지하는 비중이 크답니다.

상하이에서는 물이라는 존재가 참 중요합니다. 그냥 물이 아니라 바깥과 연결된 물이죠. 장강, 황푸 강, 쑤저우허, 그리고 바다가 그렇습니다. 그러다 보니 상하이를 다룬 그림기사의 배경에 물이 자주 등장합니다. 〈점석재화보〉의 경우 특정 장소나 공간을 그려서 보여 주는 것이 일차적 목적은 아니었습니다. 사건을 전하는 것이 목적이었지요. 그렇지만 배경묘사가 굉장히 세밀하게 이루어집니다. 가능한 한 사실적으로 생생하게 사건 장면을 전달하려는 것이죠.

다음 쪽 위 장면은 프랑스 조계의 풍경입니다. 왼쪽 시계탑 옆에 장대가 세워지고 그 위에 구球 같은 물체가 매달려 있죠? 이 구체가 오전부터 오르기 시작해 정오가 되면 꼭대기에 다다른다고 합니다. 그 위에 풍속과 풍향을 가늠할 수 있는 기구를 두었고요. 이런 장치가 프랑스 조계지에 설치됐다는 소식을 전하는 그림입니다.

배경을 보시면 뒤에 강이 보이고 증기선도 보이죠? 길에는 서양식 마차와 인력거가 보입니다. 전체 크기가 A4보다 작은데도 인물이 굉장히 세밀하게 묘사돼 있습니다. 여기 사람들이 이 화보의 주인공인 장대 위의 구체 장치를 올려다 보는 포즈를 취하고 있습니다. 이 그림을 보면 조계의 경관을 구성하는 중요한 요소를 확인할 수 있습니다. 강과 배, 새로운 탈것, 그리고 아래쪽 구석에 있는 서양식 건물들로 조계가 구성돼 있습니다.

그 아래는 1893년의 그림기사입니다. 굉장히 큰 시계탑이 보이죠? 지금도 와이탄에 가면 15분마다 한 번씩 종을 치는 시계탑이 있습니

〈日之方中〉(22호, 1884. 12.)

〈巨鐘新製〉(348호, 1893. 9.)

다. 거기가 세관 건물입니다. 이때도 같은 자리에 '강해북관江海北關'이라고 해서 세관이 있었습니다. 당시에는 두 곳이 있었습니다. 그림에 보이는 북관, 그리고 또 남관이 있었습니다. 이 북관이 훨씬 컸습니다.

제가 앞에서 중국과 서양이 충돌할 때마다 서양이 하나씩 얻어간다고 말씀드렸잖아요. 이 건물의 내력도 관련이 있습니다. 이 건물이 있던 자리에 들어서 있는 것이 오늘날 시계탑 건물인데 20세기 초에 새로 지어진 것이고요, 그림에 보이는 건물 이전에는 중국식 건물이 있었습니다. 그런데 무슨 내력일까요?

조계지가 식민지는 아닙니다. 유상이든 무상이든, 기한을 정하든 무기한이든, 필요한 측에서 빌려 쓰는 구역입니다. 본래 서양 국가끼리 필요에 의해서 특정 지역을 조차한다고 했을 때에는 기본적인 주권, 예를 들면 사법권이라든지 관세주권 같은 것은 빌려준 국가에 귀속되게 마련입니다. 상하이 조계로 치면 청나라가 궁극적인 권한을 갖는 게 맞죠. 그러나 당시 청나라는 그런 내용에 무지했습니다. 그만큼 영국과 미국, 프랑스가 더 많은 권한을 가져갔습니다. 그래서 조계지가 마치 치외법권 지역처럼 운영된 것이죠.

이 건물은 그래서 청나라 입장에선 굴욕의 상징과도 같습니다. 무역과 관련된 갈등이 있고 난 뒤에 영국은 관세와 관련된 권한을 다 가져갔습니다. 관리들을 다 영국인으로 임명하고 물품에 따른 관세폭도 영국 사람들이 조정했습니다. 바로 그런 일과 관련된 건물인 거죠.

그러나 기사에선 그런 속 깊은 내용을 전하고 있지는 않습니다. '거종신제巨鐘新製'라 해서 거대한 시계가 새롭게 제작됐다는 내용입니다. 아래쪽에 그려진 행인들은 다들 새로 만들어진 시계를 올려다 보고 있습니다. 기사 내용을 보면 시계가 유럽에서 언제 만들어져 중국에는 언제 전래됐는지를 소개하고, 이 시계가 시간마다 종을 쳐서 멀리 시골에 사는 사람도 시간을 정확하게 지킬 수 있게 됐다고 합니다. '시계'라는 기계장치에 의해 구현된 서양의 근대적인 시간관념을 중국에서도 받아들이고 있다는 사실을 알 수 있습니다.

오른쪽 그림은 경마장입니다. 영국 사람들이 경마를 참 좋아했던 것 같습니다. 어딜 가나 경마장을 만들었습니다. 홍콩에도 경마장을 만들었는데 지금도 남아 있습니다. 여기는 상하이 조계 가장 바깥쪽에 설치된 경마장입니다. 오늘날 상하이로 치면 인민공원 자리입니다. 지금 인민공원 서쪽으로 가면 상하이 미술관으로 쓰이는 멋진 서양식 건물이 있는데요, 그곳이 제가 알기로는 경마장의 클럽하우스였습니다.

경마장 뒤쪽으로 깃발이 펄럭이는 건물이 보이죠? 그곳이 클럽하우스일 텐데요, 자세히 들여다보면 이목구비가 구별되진 않지만 사람들이 많이 올라가 있습니다. 유럽 사람들일 겁니다. 경마를 공식적으로 관람할 수 있도록 허락된 사람들이겠죠. 그림상으로 현재 경마가 진행 중입니다.

아래쪽을 보시면 펜스뿐만 아니라 나무를 심어 경계를 나눈 것을

<賽馬誌盛>(2호, 1884. 5.)

제1강 그림신문으로 보는 근대 중국

알 수 있습니다. 더 가까이 다가가진 못하지만 굉장히 많은 중국인이 남녀노소를 불문하고 구경을 나와 있습니다. 경마 경기가 열리는 날이 중국인에게도 큰 잔치였던 것 같습니다. 경마란 것이 중국인에게도 재미있는 볼거리가 된 것이지요.

중국인이 초대받지는 못했습니다만, 오히려 초대받지 못한 중국인들이 더 즐기는 모습을 볼 수 있습니다. 풍선 들고 있는 아이도 있고 간식거리를 파는 장사치들도 보입니다. 상하이에서 볼 수 있는 탈것들, 가마, 인력거, 마차 등도 다 모여 있습니다.

오른쪽 위 그림은 서커스의 공중곡예 모습입니다. 기둥을 잘 보시면 '1등석 1원'이라는 가격표가 그려져 있습니다. 뒤쪽은 입석인데, 4각이라고 적혀 있습니다. 4각이면 0.4원이겠죠? 서커스장은 중국인도 돈을 내면 들어와서 볼 수 있었던 것 같습니다. 실제일 수도 있고 화가의 관점이 투영된 것일 수도 있는데, 자세히 보시면 서양인은 서양인들끼리 좌석에 주로 모여 앉았고, 중국인은 중국인들끼리 입석에 모여서 구경을 했습니다. 물론 부유한 중국인은 소수가 좌석에 앉아 보기도 했습니다. 실제 상황도 이러하지 않았을까 싶습니다.

서양 문물과 함께 들어온 서커스란 것이 직접 가서 보는 사람에게도 놀라운 볼거리였겠습니다만, 직접 가지는 못하고 이 화보를 통해 보는 사람에게도 진귀한 구경거리가 아니었을까 싶습니다.

앞에 소개한 화보에 나오는 경마장과 서커스장은 둘 다 서양에서 들어온 문물입니다. 오른쪽 아래는 '단계루丹桂樓'라고 해서 서양 조계

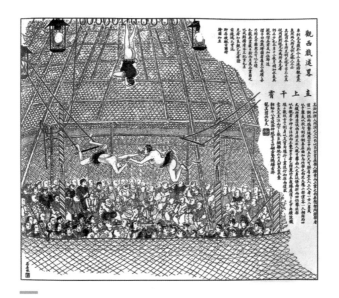

〈觀西戲述略: 直上干霄〉(191호, 1889. 6.)

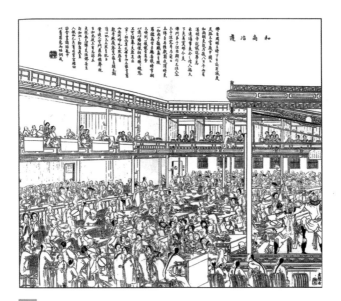

〈和尙冶遊〉(15호, 1884. 9.)

지 안에 설치돼 있던 중국 극장입니다. 서양의 근대적 건축기술이 들어와서 중국의 전통적 공연문화가 탈바꿈한 것을 확인할 수 있습니다. 옛날 중국의 극이란 것은 규모가 클 경우 모두 야외에서 이루어졌습니다. 서양도 마찬가지죠. 콜로세움 같은 극장이 모두 자연광을 이용하지 않습니까? 어두워지면 할 도리가 없었습니다.

중국에서 작은 공연은 자그마한 찻집 같은 곳에서 촛불을 잔뜩 켜 놓고 열렸습니다. 노래하는 사람 한 명, 반주하는 사람 한 명 정도 규모는 실내에서도 했습니다. 그러나 제법 규모가 있고 무대를 필요로 하는 경극 같은 것은 모두 바깥에서 이뤄졌습니다. 그런데 화보에 나오는 이 극장은 실내입니다. 굉장히 규모가 크죠?

단계루에 대한 다른 자료들은 문헌만 있고 실제 내부가 어땠는지 잘 알려져 있지 않았는데, 〈점석재화보〉 전체 단행본 중에 단계루의 외관을 그린 것이 한 장 있고 이렇게 극장 내부를 그린 것이 두 장 있습니다. 이 자료를 가지고 상하이 역사 진열관 같은 곳에 모형 전시물을 만들어 놓았습니다.

기사는 극장에 관한 것은 아니고요, 단계루라는 극장에서 승려가 기녀들을 불러다 놓고 웃고 떠들다 사람들의 빈축을 샀다는 내용입니다. 이는 극에 대한 중국인의 태도가 바뀌고 있음을 보여 줍니다. 본래 중국에서 극을 볼 때는 그것만 보러 가는 경우는 없었습니다. 음식 먹고 차 마시면서 지인들과 교류하는 것이 기본이고, 무대에서 관심 있는 장면이 나오면 또 보고 박수도 치는 굉장히 느슨한 공연문화였는데, 그런 것들이 바뀌고 있던 게지요.

중국 연극 전공하시는 분께 들은 바로는 이 그림에서 보이는 좌석 배치의 변화도 눈여겨봐야 한다는군요. 기본적으로 탁자가 있기는 하지만 의자를 모두 무대를 향하게 배치한 사실이 특이하다는 겁니다. 무대 위의 공연이 손님들 유흥과 대화의 배경이 되는 게 아니라 집중의 대상으로 바뀌는 과정에 있었던 겁니다. 바야흐로 새로운 관람문화가 형성 중이었던 것이지요. 형편이 이런데, 기녀들을 데리고 와서 소란을 피우니 지적을 받게 된 것입니다.

물론 이 당시 불교 승려에 대한 부정적인 시각도 한몫을 합니다. 비아냥거리는 시선과 말투로 승려를 다루는 분위기가 팽배했습니다. 반대로 유생들에 대해서는 비록 그들이 전근대적 인물이라고 해도 비아냥대지는 않았습니다. 우리도 '선비'라고 하면 그렇게 나쁜 이미지는 없잖아요. 하지만 불교 승려는 사회적 책무로부터 멀리 떨어져 있고 수행은커녕 타락의 길을 가는 인간상으로 보는 경향이 강했습니다.

다음 쪽 위의 그림도 재미있는 장면을 보여 줍니다. 상하이에는 크고 작은 물길이 많았는데, 거기서 작은 배를 타고 지나가던 여행객이 돈자루를 물에 떨어트려 동전 수백 닢이 가라앉은 사건이 있었습니다. 그 동전을 줍기 위해 사람들이 옷을 벗어 던지고 뛰어들었답니다.

엄청나게 많은 사람이 구경하러 나와 있죠? 그런데 잘 보시면 이 장면을 촬영하는 사람이 있습니다. 사진기를 들고 와서 곁에서 들어

〈奇形畢露〉(5호, 1884. 6.)

〈觀火羅災〉(1호, 1884. 5.)

오는 빛을 차단하기 위해 천을 뒤집어쓰고 사고현장을 주시하는 사람이 있죠? 이때 이미 사진 촬영기술이 상하이에 들어왔다는 사실을 이 그림으로 확인할 수 있습니다. '그림'이라는 구기술에 의해 같은 사건의 현장을 취재하는 신기술이 포착된 것입니다. 운하에서 벌어진 사건 자체 못지않게 흥미로운 광경이고요, 기실 이 기사의 주인공은 바로 이 사진 촬영기술이랍니다.

앞 그림들이 신기한 구경거리에 사람들이 모여든 장면을 묘사했다면, 왼쪽 아래 그림은 화재를 구경하러 모여든 사람들 수가 너무 많아 2차 재난이 일어났다는 내용입니다. 건물과 강의 흐름을 보면 건너편이 와이탄, 가까이 흐르는 물이 쑤저우허 같습니다.

이곳에 나무로 만든 다리가 있었는데, 근처에서 1차 재난인 화재가 일어났습니다. 불구경을 하러 많은 사람이 모여들었는데, 그 하중을 이기지 못하고 다리가 붕괴해서 더 많은 사람이 다쳤다는 내용입니다. 왼쪽에 불 끄는 사람들이 보이고, 아래쪽에는 증기기관 펌프가 보입니다. 이 펌프로 물을 끌어올려 화재를 진압하고 있습니다. 이런 기물도 당시 조계에서나 볼 수 있던 것입니다.

이렇게 구경하는 사람들을 묘사한 그림을 보면 중국인과 서양인이 조계지에서 어떻게 움직였는지 짐작할 수 있습니다. 경마 같은 구경거리는 중국인에게 관람이 허락되지 않았지만 담 넘어 중국인들이 모여들면서 자연스럽게 잔치가 벌어졌습니다. 서커스는 서양인과 중국인이 함께 볼 수 있었지만 자리 위치에 등급을 두어서 양측이 고루

〈法國節期〉(8호, 1884. 7.)

〈法使抵滬〉(8호, 1884. 7.)

섞이지는 않았습니다.

왼쪽 위 그림의 제목에 나온 '법국'은 프랑스를 가리킵니다. '법국절기法國節期'니까 프랑스의 명절이겠죠? 7월에 나온 기사이니 아마도 건국기념일이 아닐까 싶습니다. 프랑스 건국기념일은 7월 14일입니다. 뒤에 있는 건물은 프랑스 조계 자치국 건물인데요, 지금은 남아 있지 않습니다. 사진으로는 그 모습이 남아 있습니다.

오른쪽 하단에 보시면 이날도 구경꾼이 모여들었다는 사실을 알 수 있습니다. 그러나 들어가 보지는 못해서 열심히 기웃거리는 장면입니다. 한편 몽둥이를 들고 구경꾼을 몰아내려는 사람이 묘사돼 있습니다. 이들은 중국인입니다. '순포巡捕'라고 하는데, 말하자면 자치국에서 고용한 중국인 순경입니다. 담장 안쪽을 자세히 보면 정자도 보이고 행사를 위해 모여든 프랑스인들도 묘사되어 있습니다. 가든 파티가 아닌가 싶습니다.

아래 그림은 프랑스 사절단이 조계지로 진입하는 장면입니다. 강에 배를 정박해 놓고 보트를 타고 강안으로 들어오는 장면입니다. 군인들이 도열해 있고 서양인과 중국인 순포들이 질서를 잡고 있습니다. 그 바깥으로 구경하고 있는 중국인들이 보이죠? 1884년은 프랑스와 청나라가 전쟁을 하고 있던 중입니다. 그런데도 프랑스 사절단이 아무렇지도 않게 상하이 조계지로 진입합니다. 사실상 자기 땅이라고 과시하는 것입니다.

다음 쪽에 나온 그림에는 '영흉가오運凶可惡'란 제목이 붙어 있습니

〈逞凶可惡〉(10호, 1884. 8.)

다. '영흉'은 흉포한 행동을 가한다는 뜻이고, '가오'는 그런 행동이 가증스럽다는 뜻입니다. 이 화보는 좀 꼼꼼하게 볼 필요가 있습니다. 화면 하단에 언뜻 서양인처럼 보이는 사람과 일군의 중국인이 있습니다. 크게 그룹으로 나눠 보면 왼쪽에 어떤 상황을 구경하는 사람들이 모여 있고, 인력거꾼과 인력거꾼에게 손가락질하는 중국인, 그리고 문을 반만 열고 내다보는 서양인이 있습니다.

그림 속에 등장하는 인물들이 참 다양합니다. 장포長袍를 입은 제법 신분이 높은 사람도 있고, 머리를 땋은 걸로 봐서 결혼하기 전의 처녀가 양산을 쓰고 있는 모습도 보입니다. 색안경을 쓴 멋쟁이도 하나 있죠? 혹시 〈황비홍〉이란 영화를 보셨다면 마지막 장면에 주인공이 선글라스를 쓰고 양산을 들고 있는 모습을 기억하실 겁니다. 당시 모던 보이의 전형적인 패션이었습니다. 사람들 표정을 보시죠. 색안경 쓴 청년은 알 수 없습니다만, 화난 듯한 얼굴을 한 사람도 있고, 빙긋 웃는 사람도 있고 참 다양합니다.

사건의 중심은 대부분 시선이 향하는 데 있습니다. 바로 인력거꾼과 손가락질하는 중국인, 그리고 서양인입니다. 그런데 그림만 봐서는 무슨 이야기를 하려는 건지 잘 와 닿지 않으시죠? 기사 내용은 이렇습니다. 서양인이 외출을 다녀왔습니다. 중국말을 못해서 중국인 하인을 나오라 해서 대금을 지불케 했습니다. 그런데 인력거꾼이 달라고 한 차비보다 중국인 하인이 주인에게 더 많은 액수를 불렀습니다. 서양인도 눈치가 있는데 상황 파악이 됐겠죠? 평소 다니던 길인데 대충 얼마 하는지 모를 리가 있겠습니까? 들통날까 두려웠던 하인이 인력거꾼에게 뒤집어씌웠습니다. 인력거꾼이 바가지를 씌우려 한 것이라고 주인에게 둘러댄 거죠. 그 말을 들은 서양인이 뛰쳐나와 인력거꾼을 거의 죽을 만큼 폭행했고, 인력거꾼은 병원으로 실려갔다는 겁니다. 기사는 '서양인들이 중국 땅에서 위세를 떨고 산 지 오래 됐는데 하늘의 도는 언제나 바로 잡힐까' 하는 한탄으로 마무리됩니다.

이 화보는 당시 기사 중에서 드물게 중국인과 서양인의 갈등을 비판적으로 다룬 것입니다. 그런데 여기서 여러분께 한 번 질문을 던지고 싶습니다. 여러분이 만일 기자라면, 그림을 그린 화가라면 어떤 장면을 그리겠습니까? 덩치 큰 서양인이 뼈밖에 안 남은 인력거꾼을 덮쳐서 때리는 장면을 그리는 게 인지상정 아니겠습니까? 그래야 그림만 봐도 무슨 내용인지 알 수 있잖아요. 지금 저 그림만 봐서는 이해하기 어렵습니다.

서양인은 조계지에서 주인 노릇하는 사람들입니다. 반면 인력거꾼은 조계지에서 가장 하층민에 해당합니다. 당시 인력거를 끄는 일은 마소나 할 일이라는 선입견이 있었습니다. 중국인의 정서로 뒤에서 미는 것은 사람이 해도 되지만, 앞에서 끄는 것은 사람이 할 짓이 아니라는 거죠. 그만큼 인력거꾼의 사회적 위상이 형편없었습니다. 그러니 인력거꾼은 제대로 먹지도 못하는 사람이 대다수였고, 화보에 묘사된 것을 봐도 다들 비쩍 마른 체형을 하고 있습니다. 그 불쌍한 사람을 살집 그득한 서양인이 폭행하는 장면이니 뉴스 가치가 얼마나 높습니까?

그러나 그림만 보면 양측이 별로 적대적으로 보이지 않습니다. 어쩌면 이 장면이 〈점석재화보〉가 갖는 한계를 잘 보여 주고 있는지도 모르겠습니다. 소유주가 영국인 아닙니까? 물론 이를 입증할 자료가 있지는 않습니다만, 화가 입장에서는 그림을 그리며 얼마나 답답했을까요? 그림을 자세히 보시면 서양인 옆에서 성난 개가 뛰어나오는 장면이 있습니다. 화가가 이 개를 허투루 그려 넣은 것은 아니겠죠? 개라는 장치를 통해 뭔가를 표현하고 싶었을 것 같습니다.

앞서도 말씀드렸습니다만 〈점석재화보〉에서는 농촌지역의 괴담을 표현할 때 굉장히 과장해서 묘사합니다. 엽기적이고 자극적인 묘사로 독자들의 눈길을 끄는 전략일 텐데요, 조계지에서 일어난 이런 갈등 상황은 더없이 표현하기 좋은 소재 아니겠습니까? 그런데 왜 이렇게 점잖게, 자제하는 톤으로 표현했을까요? 이유가 있었을 거라고 짐작하게 됩니다.

다음 쪽의 화보도 조계에서 서양과 중국 간의 비대칭적인 관계를 잘 보여 줍니다. 서양인이 운영하는 양행, 즉 무역회사에 고용된 중국 여성이 있었습니다. 남편이 있는 여인이었는데, 회사에서 허드렛일을 잔뜩 맡겨서 집에 들어가지 못하는 경우가 자주 생겼습니다. 화가 난 남편이 회사를 찾아와서 자기 부인을 내놓으라고 강하게 항의를 했습니다. 이 문제가 커져서 법정에까지 가게 된 것이죠.

그림 상단에 보면 중국인 관리가 관복을 입고 있고 서양인 관리는

〈乾綱不振〉(25호, 1884. 12.)

서양식 모자를 쓰고 있습니다. 이곳은 청나라 관헌입니다. 이곳에 데리고 와서 시시비비를 가리는 것이죠. 그런데 당시 조계지에는 '회심會審제도'라는 것이 있었습니다. 모여서 심사한다는 뜻으로 청나라 판관과 서양 판관이 함께 사건에 대한 심판을 하는 것이죠.

조계지에서 있을 수 있는 제도이긴 합니다만, 당시에는 국제법의 관행으로도 요구할 수 없는 내용까지 서양이 요구해서 관철시키는 경우가 많았습니다. 자치구 안에서 자국의 법과 원칙으로 자국민을 심판하는 거야 있을 수 있는 일입니다만, 자국민이 아닌 중국인의 범죄에 대해 서양인 관리가 심판에 참여하는 것은 국제법 관행을 벗어나는 일이었습니다.

이런 식이다 보니 판결도 결국에는 서양인에게 유리하게 흘러갔습니다. 그림에서 보듯이 중국 관헌에서 서양인이 부인이 보는 앞에서 남편을 쥐어박고 있습니다.

그림 윗부분에 보이는 구름 같은 것은 황제의 궁궐이나 절, 그리고 선경을 묘사할 때 주로 사용됩니다. 글을 써야 하니 화면 분할을 위해 그린 측면도 있습니다. 구름이 상징하는 것처럼 이 관헌은 황권을 대리하는 지방 관헌입니다. 불가침의 공간인 것이죠. 그러나 현실은 황제로부터 내려온 신성한 권한이 서양인에 의해 제한되는 것을 알 수 있습니다.

다음 쪽 위 그림기사는 사명공소四明公所 사건에 관한 내용입니다. '사명'은 개항장 중 하나인 닝보에 있는 명산으로, 닝보의 대칭으로도

〈强奪公所〉(527호, 1898. 7.)

〈大鬧洋場〉(480호, 1897. 4.)

쓰였습니다. '공소'란 일종의 동향회관입니다. 프랑스 조계가 확장하는 과정에서 걸림돌이 되었던 회관 측과 조계 당국 사이의 출동입니다. 최초 사건이 1874년에 발생했는데, 그때는 닝보 상인들이 자기네 회관을 지키는 데 성공합니다만 24년 뒤인 1898년에는 결국 헐리게 되지요. 바로 그 장면을 그린 것입니다.

당시 프랑스인들 사이에서 부분적으로 역병이 돌았습니다. 프랑스는 자기 조계 내에서 위생을 관리한다는 목적으로 닝보 상인들의 회관(사명공소)을 침탈해서 결국 헐어버리게 됩니다. 조계 내에서 극력하게 충돌하는 모습을 그림으로 그린 것입니다.

그 아래 그림에선 말 타고 있는 사람이 단연 돋보입니다. 당시엔 '홍두아삼紅頭阿三'이라고 불렸는데, 붉은 머리란 뜻의 홍두는 붉은 색 터번을 가리킵니다. 아삼은 셋째라는 뜻으로 인도인을 가리킵니다. 상하이 조계지 경찰조직에서 서양인이 첫째, 중국인이 둘째, 그 다음이 인도인이라는 뜻입니다.

그림에 등장한 시크Sikh인은 인도에서도 상대적으로 소수인 민족이지요. 영국이 인도를 식민지화할 때 강렬하게 저항했던 사람들인데, 막상 진압되고 나서는 유력한 협력자가 되었습니다. 그 뒤로 영국이 다른 곳을 통치할 때 종종 대리인 역할을 했던 사람들입니다. 실제 사진을 보면 키와 체격이 유럽인 못지않게 큽니다. 이 사람들은 유일신을 섬기는데, 세례를 받은 뒤엔 절대로 몸에서 자라는 털을 깎지 않습니다. 머리털은 상투를 틀어 터번 안에 밀어 넣지요. 이 사람들이

〈印捕行劫〉(160호, 1888. 8.)

언제부턴가 〈점석재화보〉에 등장합니다.

장대를 들고 달려 나오는 사람들은 중국인 수레꾼들입니다. 조계지 당국이 영업세를 높인다는 소식이 알려지자 격렬하게 저항하는 모습입니다. 본래 파업을 시작했다가 확대되면서 실력 충돌로까지 이어졌습니다. 뒤쪽에 서양인 경찰과 군인들도 다가오고 있지만, 최전선에서 장검까지 빼 들고 진압하는 사람들은 시크인입니다.

지금 이런 그림기사를 골라서 보고 있기 때문에 서양인과 중국인 사이의 충돌을 묘사한 그림이 많은 것처럼 느낄 수도 있습니다. 그러나 전체 분량을 놓고 보면 그렇게 많지 않습니다. 특히 이 그림처럼 중국인과 외세가 격렬하게 부딪치는 장면은 더욱 찾기 어렵습니다. 실제 일어났던 사건들과 이 화보가 뉴스보도 기능도 갖고 있었음을 감안하면, 기사를 선택하고 화보로 제작하는 과정에 뭔가 차단하는 기능이 작동했을 수도 있겠다는 생각을 하게 됩니다.

앞에서 당시 중국 미디어가 불교 승려에 대해서 저급한 이미지로 그린다고 말씀드렸습니다. 그런데 그보다 더 나쁜 놈으로 묘사하는 게 바로 이 홍두아삼입니다. 왼쪽의 화보는 불교 승려에게서 금품을 갈취하는 시크인 순경을 표현했습니다. 사실 홍두아삼 뒤에 진짜 침탈자가 있지만, 그들 모습은 감춰졌지요.

다음 쪽 위의 화보는 '서양인 목사가 아이들을 학대한다'는 내용입니다. 중국인들이 청일전쟁을 거치면서 일본인을 '왜노'라고 표현한다고 말씀드렸는데, 여기서는 '목노'가 나옵니다. 노골적으로 말하면

〈牧奴肆虐〉(118호, 1887. 7.)

〈不敢與交〉(495호, 1897. 9.)

'목사 놈'이라는 뜻입니다. 아이들이 시끄럽다고 목사가 귀를 잡고 혼을 내는 그림인데요, 사실 이 정도는 중국인들 사이에서도 일어날 수 있는 일상적인 해프닝인데 기사화했습니다.

왼쪽 아래 그림의 제목 '불감여교不敢與交'는 '감히 어울리지 못한다'는 뜻입니다. 유흥업소인 기루에 서양인들이 나타나서 벌어진 소동을 묘사한 그림입니다. 여기 여자들은 몸 파는 창기들로 보입니다. 서양인과는 관계를 가질 수 없다고 버티는 모습입니다. 말리고 있는 나이든 기생어미와도 실랑이가 벌어졌습니다. 서양인에 대한 그 당시 중국인들의 관념을 보여 주는 그림이라고 할 수 있습니다.

〈점석재화보〉에서 서양인을 지배하고 침탈하는 자, 가까이하기에는 너무 먼 사람으로만 묘사한 것은 아닙니다. 때로는 베푸는 자로 묘사하기도 했습니다. 물론 베푼다는 것 자체가 위계상 위에 있다는 걸 의미합니다만.

이럴 경우 대개 의술을 베푸는 서양인 의사들이 등장합니다. 다음 쪽에 있는 '두상생두頭上生頭'는 머리 위에 머리 하나가 더 자란, 그러니까 기형으로 태어난 아기를 서양인 여의사가 진료하는 모습입니다. 그 아래 그림은 몸에서 종양 덩어리가 크게 자란 여인을 치료하는 모습입니다. 제목인 '착수성춘著手成春'은 손을 대자마자 나았다는 뜻입니다.

이런 데서도 부분적으로 흥미로운 요소를 찾아볼 수 있습니다. 의원醫院 선반 맨 꼭대기에 두개골이 쌓여 있는 모습이 보이죠? 정말 그 당시 저 자리에 인골을 쌓아 뒀을까요? 실제 조계에 있던 서양식 의

〈頭上生頭〉(412호, 1895. 6.) 부분

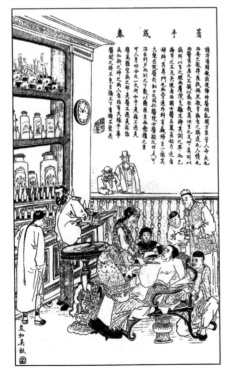

〈著手成春〉(23호, 1884. 12.)

원을 화가들이 들어가서 직접 본 것일 수도 있겠지만, 당시 정황을 묘사하며 으레 그럴 것이라고 추정한 것일 수도 있습니다. 왜냐하면 당시 중국인에게 서양의원은 많은 혜택을 베풀어 주는 곳이지만 두려움의 대상이기도 했기 때문입니다.

이유는 아이러니하게도 병이 너무 잘 낫는 현상 때문이었습니다. 배앓이라든지 고열로 찾아올 때 서양의원에서 처방해 준 약을 먹으면 단번에 나았습니다. 중국 의술보다 훨씬 빨리 효과를 나타냈기 때문에 고마우면서도 두려움이 있었던 것입니다. 서양 의술은 조계지가 만들어지기 이전부터 조금씩 들어왔는데, 중국인들은 혜택을 보면서 거부감과 두려움을 느끼기도 했습니다.

근대 중국에서 신·구 그리스도교 측과 중국인이 충돌한 사건을 '교안教案'이라고 하는데요, 그 교안이 선교사가 개설한 의원을 두고 많이 일어났습니다. 서양인의 의료활동에 대한 오해에서 비롯된 것이었는데요, 당시 서양 선교사들은 의원과 함께 고아원이나 학교를 운영했습니다. 우리나라에서도 그렇게 했죠? 그런데 서양인들이 갖고 온 이 서비스는 지역사회 유지들이 전통적으로 해오던 역할과 충돌을 일으켰습니다. 그래서 유지들이 대개는 실상을 알면서도 무지한 농민을 부추겨서 일부러 갈등을 일으키기도 했습니다.

예를 들면 이런 식으로 사단이 났습니다. 서양인들이 고아원에서 기르던 아이들은 전통 중국 사회 나름의 구제 시스템에서도 소외된 가장 불우한 아이들이었습니다. 서양인들이 이 불쌍한 아이들을 먹이고 재우고 가르친다고 꾀어서 죽인 뒤 안구와 간 등을 채취해서 약을 만들기 때문에 약이 그렇게 잘 듣는다는 소문이 돌았습니다.

이 소문을 믿고 몰려간 중국인들이 선교사와 수녀들을 죽이는 사건이 실제 발생하기도 했습니다. 서양인들이 가만히 있지 않았겠지요? 군대를 동원해서 마을 사람들을 도륙합니다. 이곳저곳에서 실제 있었던 일입니다. 상하이에서는 그나마 보고 듣는 것이 많아서 그런 오해까지 생기지는 않았겠지만, 여기 묘사된 해골이 그런 편견과 오해와 선입견의 흔적일 수도 있겠다 싶습니다.

상하이의 대표적인 별명이 '동방명주東方明珠', 영어로는 'Pearl of the Orient'입니다. 이 별명은 1930년대 이전부터 사용돼 왔습니다. 그 정도로 상하이가 번영했다는 사실을 말해줍니다. 현재 같은 이름의 탑도 있죠? 하지만 상하이는 같은 시기에 '동양의 창녀Whore of the East'라는 별명도 함께 가지고 있었습니다. 밝은 만큼 그늘도 짙은 거겠죠. 상하이의 명암을 보여 주는 별명들입니다.

이제까지 훑어본 화보를 통해서도 상하이의 명암이 잘 드러나 있습니다. 오늘날의 상하이가 바로 이런 다양한 표정을 기초로 해서 세워진 도시라는 걸 기억해 주시면 되겠습니다. 이런 맥락을 이해하고 언젠가 상하이를 가시게 된다면 모르고 갈 때보다 좀 더 많은 것을 보실 수 있지 않을까 싶습니다.

*사진: 민정기 제공

Q&A

Q 오늘 강의에서 들은 상하이를 느낄 수 있는 곳을 추천해 주세요.

A 오늘 보신 그림들은 사실, 오늘날 상하이에서 만날 수 있는 과거의 흔적보다 조금 더 이전의 모습을 보여 줍니다. 상하이에서 과거의 숨결을 느끼시려면 아무래도 와이탄 강변 둑을 우선적으로 추천하겠습니다. 〈점석재화보〉의 그림기사들이 그려질 당시에는 지금처럼 둑이 높지 않았습니다. 수면 가까이에 있었는데요, 지금의 차도 높이 정도라고 생각하시면 됩니다. 아무튼, 이 둑길을 따라 걸어 보시면 근대 상하이를 느끼실 수 있을 겁니다. 요즘 나온 관광지도나 가이드북을 보면 건물 용도와 유래 등을 잘 기술하고 있습니다. 그밖에 산책하기 좋은 거리는 프랑스 조계지역에 많이 남아 있습니다. 강에서부터 서쪽으로 들어가면 호젓하고 아름다운 거리가 나옵니다. 지금도 이곳에 돈 많은 사람들의 저택과 별장이 있습니다. 또 쑤저우허 북쪽에서 루쉰 공원에 이르는 지역에도 서양과 중국의 문화가 착종되어 있는, 과거의 흔적을 만날 수 있는 곳이 많이 있습니다.

Q 그림은 누가 그렸는지요? 중국인인가요, 서양인인가요?

A 강의 중 말씀드렸습니다만, 중국인들입니다. 〈점석재화보〉에 전속 화가가 여러 명 있었습니다. 대부분 쑤저우 사람이었습니다. 제가 앞에서 상하이가 발전하면서 쑤저우 일원의 물적 · 인적 자원을 활용했다고 말씀드렸잖아요. 쑤저우에 타오화우桃花坞라는 마을이 있었습니다. 거기에 판화가들이 모여 살며 훈련도 받고 영업도 했습니다. 지금은 거의 흔적이 남아 있지 않습니다만.

중국인들은 새해 춘절이 되면 복을 비는 내용과 관련 있는 그림을 사다 붙이는 풍습이 있었습니다. 중국 남방에서는 쑤저우의 화가들이 많이 그렸습니다. 소설에 들어갈 삽도를 제작하던 사람들도 이 일대에 있었습니다. 원화 그리는 사람과 목각하는 사람이 나뉘어 있었는데, 주로 원화 그리던 사람들이 〈점석재화보〉에 영입된 것 같습니다.

명청 시절 서적의 삽도를 연구하시는 분 말씀을 들어 보니, 당시에 여러 가지 그림 양식이 있었다고 합니다. 특히 선을 쓰는 방법이 상당히 다양했다고 합니다. 건물이나 수목을 그릴 때는 관습화된 양식이 있었는데, 〈점석재화보〉에 보이는 것과 굉장히 유사합니다. 서양 판화는 얇은 선을 써서라도 음영을 넣어 입체감을 주려고 노력합니다만, 〈점석재화보〉에는 그런 시도가 거의 보이지 않습니다. 아주 드물게 서양 원화를 보고 그린 것 같은 그림이 있습니다만, 대부분의 그림은 중국적이라고 평가할 수 있습니다.

Q 〈점석재화보〉가 책으로 나왔는지 궁금합니다.

A 1898년에 정간된 후 전체 분량이 묶여 나왔고 그 뒤로도 몇 차례 인쇄되었습니다. 2001년 상하이화보출판사에서 깨끗하게 스캔해서 출판하기도 했는데요, 옛날식 한문으로 된 기사 내용을 현대 중국어로 요약해 붙여서 내놓았습니다. 분량 전체를 현대 중국어나 여타 외국어로 완역해 놓은 것은 아직 없습니다. 《중국 근대의 풍경》이라고 제가 몇몇 분과 함께 낸 책이 있는데요, 거기에 〈점석재화보〉를 자료로 많이 썼습니다. 그리고 온라인에서 회원 가입하면 〈점석재화보〉를 볼 수 있게 한 사이트가 있습니다. 주소는 http://www.sinodb.info입니다. 접속 후 화보 링크를 클릭하시면 로그인하도록 안내 창이 나옵니다.

제2강

시로 열어 보는 중국의 문

|홍승직|

China

중국에서 시(詩)는 이백, 두보, 소동파, 왕유, 백거이 같은
천재적 작가가 인생을 논하고 자연을 노래한 고상하고 어
려운 것만을 말하지 않는다. 오히려 곳곳에서 시구를 차
용하거나 운율을 맞춰 시처럼 표현한 문장을 볼 수 있다.
중국인의 일상생활에 녹아 있는 시를 통해 중국을 이해해
보자.

안녕하십니까. 충남 아산에 있는 순천향대학교에서 중국어와 중문학을 가르치는 홍승직이라고 합니다. 지금 제 인상이 어떤가요? 별로죠? 다 여러분 탓입니다. 제가 오늘 어떤 분들을 뵐까 설레서 어제 잠을 못 잤습니다. 더군다나 지방에서 올라오면서 기차가 늦을까 봐 노심초사해서 얼굴이 말이 아닙니다. 그래서 제 인상이 아무래도 안 좋게 비치지 않을까 걱정됩니다. 대단히 죄송합니다. 양해해 주시기 바랍니다.

요즘 중국에 대해 제대로 알아보려는 사람들이 많아졌습니다. 전에는 피상적으로 관심이 있었다면 최근에는 좀 더 깊이 있게, 좀 더 전반적으로 이해하려는 움직임이 일어나고 있습니다. 제가 오늘 강연을 하게 된 것도 그 증거 중 하나입니다. 대외활동에 별로 적극적인 성격도 아니어서 오늘처럼 일반인들을 모시고 강연할 기회가 많지 않습니다. 그런데도 저에게 이런 기회가 주어진 것은 그만큼 중국 이야기를 깊이 있게 듣고 싶은 분들이 많이 생겼기 때문 아니겠습니까?

실제 제 주위에서도 이런 변화를 느끼고 있습니다. 그렇다면 중국을 어떻게 이해할까요? 사람마다 다르고 전공마다 다를 겁니다. 저는 문학이 전공입니다. 그래서 문학을 매개로 중국을 이해하려고 하는 편입니다. 여러분과 코드가 맞을지 안 맞을지 잘 모르겠습니다만, 중국을 이렇게 이해하는 방법이 있다는 것을 한 번 말씀드리고 싶습니다.

제목을 '시로 열어보는 중국의 문'이라고 지어 봤습니다. 제목이 멋있나요? 제목만큼 내용도 멋있어야 할 텐데 조금 걱정이 됩니다. 이제 이 문을 열어야 할 텐데요, 그 전에 부탁 말씀을 드리고자 합니다. 여러분이 중국을 이해하는 정도가 다 다를 겁니다. 어느 수준에 맞추는 게 좋을까 고민을 많이 했습니다. 제 나름대로 중간쯤에 맞추려고 노력했습니다.

'출발 1번'이라고 표현하겠습니다. 전공이 문학이다 보니 문학적인 것에 관심이 많습니다. 중국을 시詩를 통해 접근할 수 있겠구나 싶었습니다. 중국에서는 어딜 가나 보이는 게 시이기 때문입니다. 그래서 일단 시를 중심으로 말씀을 드리겠습니다.

솔직히 말씀드리면 제 전공은 '산문'입니다. 시를 전공하신 분이 들으면 왜 남의 전공을 들먹이느냐고 화를 내실지도 모르겠습니다만, 저는 사실 전공을 너무 세세하게 나누는 것을 반대합니다. 중국 산문을 연구해 본 결과, 중국에서는 산문도 결국 시더군요. 정말입니다. 왜 그런지는 차차 말씀드리겠습니다.

첫 문장으로 한비자의 시를 가져왔습니다. 다음 쪽에서 항공사 광고를 하나 보여 드릴 텐데요, 저는 이 항공사와 아무 관계도 없다는 점을 먼저 밝힙니다. '중원에서 답을 얻다'라는 제목의 광고입니다. 유튜브에서 이 제목으로 검색하면 바로 광고가 뜹니다. 먼저 병마용 사이를 거니는 사람이 등장합니다. 시계 초침 소리가 나온 뒤 내레이션이 흐릅니다.

> "오늘의 성공에 안주하는 그대에게 한비자 왈, 국무상강, 무상약國無常强, 無常弱."

물론 마지막 한비자의 말은 중국식 발음으로 했습니다.

중원에서 답을 얻다 국무상강 무상약

왜 이 말로 광고를 맺었을까요? 아무 해설도 없이 말입니다. 뜻은 제가 말씀드리겠습니다. '항상 강한 나라도 없고, 항상 약한 나라도 없다'는 뜻입니다. 한중 수교 이후 한국과 중국을 오가는 뱃길이 제일 먼저 뚫렸고, 이어서 항공 노선이 뚫리기 시작했습니다. 중국 연해지역으로 취항하는 노선이 먼저 생겼는데, 수도 베이징을 비롯한 톈진, 상하이, 광저우 등 주요 도시로 가는 노선의 경쟁이 치열했습니다. 새로운 운행 노선을 개발할 필요성을 느낀 이 항공사는 바닷가가 아닌 중국 내륙지역, 즉 중원으로 눈을 돌리게 됩니다. 이때 '우리가 드디어 중국 시안에 직항으로 간다'는 것을 알리기 위해 만든 광고라고 할 수 있습니다.

바닷가 도시는 중국이 개혁과 개방을 통하여 세계 다른 나라와 교류하면서 눈부신 경제 발전을 가져온 지역입니다. 반면에 중원은 중국의 문명과 문화가 태동하고 빛을 발한 역사와 전통을 간직한 지역입니다. 가장 중요한 장면에서 한비자의 말이 등장하죠. 한비자가 왜 이 대목에 나올까요?

한비자는 중국 진秦나라가 천하를 통일하는 데 결정적 사상을 제공한 사람입니다. 이 한비자가 활약했던 중원, 그중에서도 진나라 수도가 있던 시안西安이야말로 한번쯤 가볼 만한 곳입니다. 그곳에 우리 항공사가 취항하게 되었다는 것이 이 광고의 메시지입니다. 어쨌든 광고니까 여러분도 그 정도 느낌은 받으셨을 겁니다. 제가 이 광고를 높게 평가하는 이유는 시구를 사용했기 때문입니다. 병마용과 한비자의 시구를 사용했다는 점에서 '이 사람들이 중국에 접근하는 열쇠를 알고 있구나'라는 생각이 들었습니다.

두 번째 광고도 보시겠습니다. 역시 시안 취항 광고입니다. 그 유명하다는 대안탑大雁塔 앞에서 한국인 엄마가 기도를 하고 있습니다. 물론 직항으로 타고 가서겠죠? 무슨 기도를 하고 있을까요? 우리 아들 대입 합격, 우리 아들 회사 취직을 기도하고 있습니다. 이 엄마에게 노자가 말합니다.

"생지축지, 생이불유生之畜之, 生而不有."

중원에서 답을 얻다 생지축지, 생이불유

무슨 말일까요? '낳아서 기르니, 낳고 나서는 소유하지 마라'는 뜻입니다. 낳으면 끝난 거지 네 소유가 아니라는 거죠. 노자가 본래 이렇게 단순한 말을 하려고 한 건 아닙니다. 원래는 천지운행의 도와 원리를 이야기하려고 한 것입니다. 그런데 중국에서는 이 말을 실생활에서도 쓰고 있습니다. 중국에서도 자녀는 '내가 배 아파서 낳았으니 내 것'이라는 생각이 강합니다. 그러나 낳는 순간 내 것이 아니다, 자기 나름대로 살아갈 길이 있다는 뜻으로 노자의 말을 인용합니다.

한국의 부모는 정반대죠? 비행기 타고 대안탑까지 가서 대입 합격, 취직 성공을 위해 기도합니다. 다 자식을 위한 거라고 말합니다. 그러나 과연 자식 입장에서는 어떨까요? 부담스럽겠죠?

중원에서 답을 얻다 하해불택세류

　그런데 대안탑이 도대체 어떤 탑이길래 이렇게 중국까지 가서 기도를 할까요? 《서유기》의 삼장법사가 인도까지 가서 불경을 가져온 뒤 중국말로 번역한 곳이 바로 대안탑이 있는 절입니다. 굉장히 유명한 절이죠. 이 절을 이제 쉽게 갈 수 있게 직항을 열었다. 예전에는 베이징에서 기차 타고 가느라고 힘들었지? 이제 우리가 직항으로 연결해줄게. 이런 뜻을 가진 광고라고 할 수 있습니다.

　세 번째 광고도 같은 회사 것입니다.

　　"하해불택세류河海不擇細流."

이사李斯가 한 말입니다. '황하와 바다는 작은 물도 가리지 않는다'는 뜻입니다. 이사는 중국을 통일한 진 시황제의 특급 참모였습니다. 이 사람의 주요 활동무대도 시안이었습니다. 고향은 초나라였습니다만, 고향을 떠난 이후로는 줄곧 중원에서 활동했습니다.

광고 속 아리따운 여인이 서 있는 곳은 황하 중류의 '호구壺口 폭포'라는 곳입니다. 중국에서 두 번째로 큰 폭포입니다만, 소리는 제일 큰 곳입니다. 황하는 그 물의 반 이상이 진흙입니다. 호구 폭포는 황하가 유일하게 폭포를 이루어 흐르는 곳입니다. 여기 가려면 우리 비행기 타야 한다는 뜻이겠죠?

"황하와 바다는 작은 물도 가리지 않는다"는 말 앞에 이사가 한 마디 더 했습니다. "태산은 작은 흙덩어리도 사양하지 않아서 그 큰 규모를 이루었다"는 것입니다. 사람이 너무 자잘하게 가리고 따지지 말아라, 다 받아들여야 한다는 뜻입니다. 이사가 이 말을 한 이유가 있습니다. 당시 진나라에서 외국 출신은 다 쫓아내라는 명령이 있었습니다. 이때 이사가 진 시황제의 마음을 돌리기 위해 보낸 편지에 쓰인 문구입니다. 원래는 자기가 쫓겨나지 않으려고 쓴 말이지만, 워낙 뜻이 좋아서 지금도 많은 사람이 외우고 있습니다.

이런 한 구절, 한 구절이 마치 시와 같습니다. 제가 '산문도 시'라고 말씀드린 이유는 그 기나긴 산문 중에 이런 구절 하나를 뽑아 놓으면, 그 자체로 하나의 시가 되기 때문입니다. 제가 비록 산문 전공이지만 산문에도 시가 많다는 사실을 강조하고 싶습니다. 어쩌면 중국의 문

중원에서 답을 얻다 복수불반분

화는 거의 대부분이 시라 해도 과언이 아닐 정도입니다. 중국 문화 전
체가 시와 밀접하게 연관되어 있습니다.

네 번째 광고는 화청지華淸池 편입니다. 헤어진 연인을 잊지 못하는
그대에게 강태공이 말하죠?

"복수불반분覆水不返盆."

쉬운 말입니다. '엎질러진 물은 대야에 담지 못한다'는 뜻입니다. 지
나간 것에 연연하지 말라는 뜻이죠. 강태공은 한국에서 부르는 이름
입니다. 중국에서는 '태공망太公望'이라고 부릅니다. 나중에 강姜이라는

성을 하사받아서 강태공이라 불립니다만, 원래는 성과 이름 없이 태공망이라고 불렸습니다.

왜냐하면 전설적인 인물이기 때문이죠. 태공太公은 중국에서 '할아버지'라는 뜻입니다. 망望은 '기다린다'는 뜻이죠. 주나라가 은나라를 물리치고 정권을 잡는 데 결정적 공헌을 한 사람이 강태공입니다. 주나라 무왕 입장에서 할아버지 때부터 인재가 나타나기를 기다렸으니, 바로 '할아버지가 기다리던 사람'이라는 뜻으로 태공망이라고 불렀던 것입니다.

강태공도 주나라 인물이니까 중원, 즉 오늘날의 산시陝西 성을 배경으로 활약했던 사람입니다. 광고의 배경이 된 화청지는 양귀비와 당 현종의 애환이 서린 곳, 또 최근에는 중국 혁명의 곡절이 있는 곳입니다. 장제스蔣介石가 장쉐량張學良한테 붙잡힌 곳이 바로 이곳입니다. '다른 항공사가 가는 곳은 아무 곳도 아니다, 진짜 중국을 보려면 여기를 가야 한다'고 광고하는 것입니다.

다섯 번째 광고 배경은 화산華山입니다. 오악五岳 중 중국 서쪽에 있는 산입니다. 무협지 등에서는 화산논검 등으로 유명하죠. 최근까지도 등산코스 중 생명을 담보하고 올라가야 하는 곳이 있을 정도로 험준한 산입니다. 매달려서 지나가야 하는 코스를 보신 분이 계실 겁니다. 최근에는 없어졌습니다.

"등고자비登高自卑"

중원에서 답을 얻다 등고자비

이 산에 올라 아래를 내려다 보면서 한 말입니다. '높이 오를수록 자기를 낮춘다'는 뜻이죠. 자사子思라는 사람이 한 말입니다. 자사는 공자의 손자입니다. 높은 곳에 올라가면 자기 자신은 더 작아 보입니다. 그처럼 높은 자리에 갈수록 오히려 자기를 낮추어야 한다는 뜻이겠죠. 역시 이 지역에 가려면 우리 비행기를 타라는 뜻이겠죠?

마지막 광고입니다. 〈판관 포청천〉 잘 아시죠? 타이완에서 제작되어 국내에서도 크게 히트를 했던 드라마입니다. 포청천이 명판관으로 이름을 날린 지역이 뤄양과 정저우입니다. 정저우는 허난 성의 수도입니다. 친구의 부탁을 난처해 하는 사람에게 포청천이 말합니다.

중원에서 답을 얻다 철면무사

"철면무사鐵面無私."

  '사심 없이 얼굴에 철판을 깐다'는 뜻입니다. 돈 빌려 달라는 친구 때문에 고민하는 주인공이 포청천에게 교훈을 받고 돌아간다는 내용입니다. 포청천이 이런 사소한 문제로 이 말을 한 건 아니겠죠? 아무리 가족이라도, 아는 사람이라도 철판을 깔고 사사롭지 않게 판결하라는 뜻이겠죠. 이런 사람들의 활동무대를 가려면 우리 비행기를 타라는 뜻입니다.

  이런 광고를 만들면서 착안한 것이 그 지역에서 활동했던 위인들의 명언을 뜻도 안 알려주고 들려준 것입니다. 궁금증이 일게 만들어서

가 보고 싶은 마음이 생기게 하려는 목적이었겠죠?

🦁 시를 통해 중국을 만난 미국 대통령

이제 다른 이야기를 해볼까 합니다. 1972년 2월 21일은 세계사적으로 중요한 날입니다. 바로 미국의 닉슨 대통령이 중국을 방문한 날입니다. 이 방문은 냉전이 무너지고 미국과 중국이 수교를 하는 기초가 됩니다. 세계 현대사의 흐름을 바꾼 방문이었죠. 이때 환영식장에서 닉슨은 이런 건배사를 했습니다.

"Chairman has written: So many deeds cry out to be done, and always urgently; the world rolls on, time presses. Ten thousand years are too long; seize the day, seize the hour!"

우리 말로 번역하면 "그동안 얼마나 많은 일에 허둥댔던가. 천지는 쉼 없이 돌고, 시간은 살처럼 흐르건만. 1만 년은 너무나 긴 세월, 오늘 하루를 놓치지 말자"입니다. 이 말의 중국어 원문은 다음과 같습니다.

"多少事, 从来急 ; 天地转, 光阴迫. 一万年太久, 只争朝夕!"

누가 지은 시일까요? 바로 마오쩌둥毛澤東이 지은 고시古詩에 나오는 것입니다. 닉슨이 어떻게 마오쩌둥이 지은 시를 알 수 있었을까요? 물론 닉슨이 직접 공부한 것은 아닐 겁니다. 이런 건배사가 좋겠다고 참모가 제안을 했겠죠. 송나라 때 유행한 만강홍滿江紅이라는 노래 곡조에 맞추어 마오쩌둥이 가사를 붙인 것입니다.

혹시 혼동하실까 봐 말씀드립니다. 우리가 알고 있는 당시, 5언시, 7언시를 '시詩'라고 하고요, 숫자를 엄격하게 맞추지 않고 글자 수에 변화를 주면서 쓴 시를 '사詞'라고 합니다. 그렇다고 완전히 자유롭게 쓴 것은 아닙니다. 그러니까 시도 시고 사도 시입니다. 글자 수의 형식 때문에 시와 사를 구분한 것입니다만, 요즘 기준으로는 사도 시입니다. 당나라 때 시가 유행하고 송나라 때 사가 유행해서 '당시송사'라고 부르기도 합니다. 송사는 속가俗歌입니다. 우리나라로 치면 마치 유행가 가사 같은 느낌입니다. 유행가 가사의 전통은 《시경詩經》 때부터 내려오는 것입니다.

이 시는 마오쩌둥이 당시 중국의 대학자였던 궈모러郭沫若 동지에게 화답하는 것이었습니다. 궈모러가 먼저 마오쩌둥에게 사를 써 줬다는 말이겠죠. 따라서 이 시는 마오쩌둥과 궈모러 사이에 주고받은 시의 일부입니다. 앞에 더 많은 내용이 있습니다만, 다 버리고 제일 마지막 문장을 건배사로 채택한 것입니다.

닉슨은 이 건배사를 한 뒤에 바로 이어서 "Today is the day(오늘이 바로 그 날입니다)"라고 했다고 합니다. 냉전을 해체하는 역사적인 현장에서 마오쩌둥의 시를 활용해 물꼬를 텄다고 할 수 있습니다. 이후로 미국의 유력 정치인이 중국을 방문할 때 시를 인용하는 것이 하나의 전통이 되어버렸습니다. 미국의 참모들은 골치 아프겠죠? 방문 목적에 적합한 시를 찾아야 하니까요.

잠깐 이 자리에서 우리를 돌아봅니다. 우리나라는 대통령이 중국에 가게 되면 중국 지도자의 오른쪽에 설까, 왼쪽에 설까에만 관심이 있습니다. 가서 무슨 말을 어떻게 했는가에는 관심이 없어요. 한국에서는 이런 정보를 제공할 학자도 많지 않습니다. 솔직히 말씀드리면 미국 쪽 학자들의 연구가 더 깊이 있습니다. 이런 시를 찾아서 대통령에게 제공할 줄 압니다. 한국에서는 이런 생각을 하지도 못하고 제공할 학자도 드뭅니다. 안타까운 일이죠. 상대방 입장에선 건배사로 이런 시를 들으면 얼마나 감동적이겠습니까?

1981년 8월 24일에는 미국의 카터 대통령이 퇴임하고 나서 일반인 신분으로 베이징에 도착했습니다. 카터 대통령은 퇴임 이후에도 활발하게 활동한 것으로 유명하죠. 그가 공항에 도착하자마자 중국 고시를 인용해 한마디 했습니다.

"오늘따라 후줄근하게 껴입은 자가, 더워 죽겠는데 집에 찾아왔다."

중국어로는 "今世褦襶子, 觸熱到人家"입니다. 진나라 때 정효程曉라는 시인이 쓴 〈조열객嘲熱客〉이라는 시의 일부입니다. 이 시는 전문을 소개합니다.

平生三伏時,

道路無行車.

閉門避暑臥,

出入不相過.

今世褦襶子,

觸熱到人家.

主人聞客来,

嚬蹙奈此何.

謂當起行去,

安坐正咨嗟.

所說無一急,

沓沓吟何多.

搖扇腕中疼,

流汗正滂沱.

莫謂爲小事,

亦是人一瑕.

傳誡諸朋友,

熱行宜見呵.

평소 삼복 때는,

길에 다니는 마차도 없다.

문 닫아걸고 누워서 더위를 피하며,

누가 오든 가든 신경도 안 쓴다.

오늘따라 후줄근하게 껴입은 자가,

더워 죽겠는데 집에 찾아왔다.

주인은 손님이 왔다는 소리에,

뭐 하러 왔냐며 눈살 찌푸린다.

일어나 손님을 맞아야 하건만,

그대로 앉아서 하품만 해댄다.

하는 말 들어 보자니 급한 일 하나도 없건만,

주절주절 어찌 그리 말은 또 많은지.

부채 부치느라 팔뚝이 아프고,

땀이 줄줄 흐르기만 한다.

별 거 아니라고 하지 말게,

이 또한 사람의 허물이 되리니.

친구들에게 조심하라고 전해 주게,

더울 때 남의 집 찾아가려면 욕먹을 각오나 하라고.

카터가 대통령도 아니고 개인 신분으로, 그것도 8월에 베이징에 오
니까 그게 미안해서 이 시를 인용한 것입니다. 한번 생각해 보세요.
에어컨도 없던 시절 40도를 넘나드는 날씨 아닙니까? 옛날에는 정말
여름철에는 남의 집에 방문하지 않는 것이 예의였다고 합니다. 접대

가 너무 힘들어서죠. 심지어 여름철에는 살아도 죽은 척을 한다잖아요. 일하기가 힘들어서 그랬겠죠. 그럴 때 손님이 찾아오면 얼마나 불편하겠습니까? 카터도 그런 심정을 알아서 비서관에게 지시를 했겠죠? 비서관은 중국 시 전문가에게 요청해서 이 시를 찾아냈을 거고요. 1,700여 년 전에 쓰인 진나라 시인의 시를 빌어서 자기의 미안한 마음을 표현한 것입니다.

3년 후인 1984년 레이건 미국 대통령도 중국 방문 기간 중 국가주석 주최 만찬에서 이런 건배사를 했습니다.

"Many centuries ago, Wang Bo, a famous Chinese poet-philosopher, wrote, 'Although we reside in far corners of the world, having a good friend is akin to having a good neighbor.'"

왕발王勃의 시를 인용했습니다. "이 세상에 자기를 알아주는 친구 있으면, 하늘 끝 저 멀리 있어도 마치 곁에 있는 듯하다네." 이 시는 너무 유명한 시입니다. 여러분이 만약에 중국에서 장기 체류하며 누군가를 만나고 사귀다가 마침내 헤어지게 되면, 99%는 이 말을 들을 겁니다. 중국 사람들은 멀리 사는 친구, 특히 외국 친구와 헤어질 때 이 시를 인용합니다. 원문은 다음과 같습니다.

"海內存知己, 天涯若比隣."

이 시는 중국 당나라 때 20대 중반에 죽은 천재 시인 왕발이 촉나라 땅, 지금의 쓰촨四川으로 근무하러 떠나게 된 친구 두소부杜少府를 전송하며 쓴 시 〈송두소부지임촉주送杜少府之任蜀州〉의 일부입니다. 이때 이후로 중국에서는 누군가와 헤어질 때 꼭 인용하는 시가 됐습니다. 게다가 이 시는 소학교 국어 교과서에 나옵니다. 중국에서 학교를 다닌 모든 사람은 이 시를 외웁니다. 중국에서는 국어책을 다 외우게 합니다. 아무리 말썽을 피우는 학생이라도 국어책은 다 외웁니다.

레이건은 이 시를 멀리 있는 친구와 가까운 관계를 유지하자는 뜻으로 인용했습니다. 세상에 레이건이 이 시를 인용할 줄 어떻게 알았겠습니까? 이 건배사 하나로 레이건은 중국인에게 깊은 인상을 남겼겠죠?

이튿날 레이건이 총리 주최 만찬에 참석했습니다. 또 중국 시를 인용해서 건배사를 했습니다. 전날 건배사가 중미 관계를 너무 부드럽게 표현한 것 같아서, 이날은 좀 더 강하게 표현하자고 생각했던 것 같습니다. 레이건이 공화당 소속이잖아요. 아무래도 민주당 쪽보다는 이념적으로 중국과 거리가 멀다고 할 수 있습니다. 그래서 이 말을 했습니다.

"…let us be of the same mind. And as a saying from 'The Book of Changes' goes, 'If two people are of the same mind, their sharpness can cut through metal.'"

번역하면 이렇습니다. "우리 마음을 같이합시다. '둘이 마음을 합하면 쇠도 자를 만큼 날카로워진다'고 《역경》에서도 말했습니다." 《역경》이 무엇입니까? 《주역》입니다. 이 말을 인용해서 '미국과 중국이 정말 한번 가깝게 지내보자'고 말한 것입니다. 전날의 부드러운 시에서 이날 좀 더 센 시가 등장하면 중국 사람들은 '미국 대통령이 정말 우리와 가까이 지낼 마음이 있나 보다'라고 생각하겠죠? 주역에 나온 원문은 "二人同心, 其利斷金"입니다.

그밖에 시니어 부시, 주니어 부시, 클린턴, 오바마 등 네 대통령도 중국에 가서 다 시를 인용했습니다. 이 정도만 보셔도 미국이 중국에 들어갈 때 어떻게 시를 활용했는지 충분히 아실 수 있겠죠?

🌸 일상생활 속의 시

처음에는 항공사 광고에서 인용한 시를, 두 번째는 미국 대통령이 인용한 시를 소개해 드렸습니다. 항공사도, 대통령도 중국에 들어갈 때 시를 활용해서 들어갔습니다. 그렇다면 중국에 들어가서는 어떨까요? 중국에 들어가서도 생리적 현상은 피할 수 없겠죠? 그 누구라도 화장실은 가야 합니다. 예전에는 참 지저분했는데 지금은 많이 깨끗해졌습니다. 그런데 이렇게 중국 화장실을 바꿔 놓은 표어가 있습니다. 바로 이겁니다.

"올 때도 총총来也匆匆, 갈 때도 충충去也冲冲."

중국 화장실에 가면, 제 경험상 95% 이상은 이 표어가 붙어 있습니

중국 화장실 표어 1

다. 여자화장실은 제가 확인을 하지 못했습니다. 한글로 구별하기 위해 '총총'과 '충충'으로 썼습니다만, 발음상 두 말은 큰 차이가 없습니다. 앞과 뒤가 같은 소리로 끝나게 하는 음성효과를 넣은 것입니다.

앞에 총총은 중국 사람들이 바쁘게 서두르는 모습을 나타냅니다. 화장실을 집에서 가고 싶지 길에서 가고 싶겠습니까? 길에서 가는 경우는 예외 없이 급할 때, 참기 어려울 때입니다. 그래서 다들 급하게 들어갑니다. 그 모습을 나타내는 의태어가 '총총'입니다.

그렇다면 볼 일을 본 뒤에는 어떻게 해야 할까요? 올 때처럼 후다닥 나가야 할까요? 그러면 안 된다는 말입니다. 갈 때의 '충충'은 물을 내리는 소리입니다. 올 때는 바쁘게 왔지만 갈 때는 잠시 여유를 가지고 물을 내리고 가란 뜻입니다. 대부분 볼일만 보고 물을 안 내리고 가니까 금방 막히는 겁니다. 수세식에선 누르는 게 중요하기 때문에 이 표현을 붙였습니다. 총총 오셨지만 갈 때는 충충해 달라는 말이죠.

중국 화장실 표어 2

앞뒤 말이 뜻은 다르지만 소리가 같기 때문에 시적인 효과를 노리고 표어를 만들었습니다.

위의 표어도 화장실에 붙어 있는 것입니다. 약 80% 정도 붙어 있는 것 같습니다. 이것은 남자화장실에 붙어 있습니다. 여자화장실은 필요가 없겠죠?

"앞으로 작은 한 걸음向前一小步, 문명은 크게 한 걸음文明一大步."

'앞으로 조금만 다가와 주세요, 그러면 문명은 크게 발전합니다'라는 내용입니다. 그런데 '일소보', '일대보'라는 끝소리를 맞춰서 시적 운율을 느끼게 한 것이죠. 이것에 해당하는 우리나라 화장실 문구는 뭘까요? "남자가 흘리지 말아야 할 것은 눈물만이 아닙니다"라는 문구가 많더군요. 중국에는 이처럼 화장실에서도 시적인 표현을 표어로 만드는 문화가 있습니다.

옆의 사진은 글자가 잘 안 보이실 텐데요, 이렇게 적혀 있습니다.

"황량한 사막만 있을 뿐只有荒凉的沙漠, 황량한 인생은 없도다没有荒凉的人生."

타클라마칸 사막 입구

어떻습니까? 이곳은 바로 중국에서 사막으로 들어가는 입구 중 하나입니다. 왼쪽 기둥에 "황량한 사막만 있을 뿐", 오른쪽 기둥에 "황량한 인생은 없도다"라고 새겼습니다. 입구 위쪽에 쓰인 문구는 "사망의 바다를 정복하자"라는 뜻입니다. 사막에 일하러 가는 사람이라고 생각해 보십시오. 얼마나 막막하겠습니까? 그런 사람들을 격려하기 위해 위와 같은 시구를 걸었습니다.

이 사막은 옛날에는 한번 들어가면 못 나오는 곳이었습니다. 지금은 열심히 차를 몰면 간신히 살아서 지나갈 수 있는 사막입니다. 이름도 위구르어로 타클라마칸, '죽음의 바다'라는 뜻입니다. 그런데 거기에 석유가 잔뜩 있는 겁니다. 석유를 채취하기 위해 사막에서 일할 사람을 모집하는데, 거기 사람에겐 여전히 두려운 곳일 거잖아요. 그들에게 두려움을 없애고 용기를 북돋우기 위해 이 문구를 사용했습니다. 역시 비슷한 소리로 운율을 맞춘 시 형식입니다.

다음 쪽의 글은 중국에 다녀오신 분들은 아마 다 보셨을 겁니다. 중국을 떠나는 출국장에서 볼 수 있는 홍보문구입니다. 지금은 어마어마하게 크게 붙어 있습니다. 제목은 '국외 여행시 중국인 체면 구기지

中国公民出境旅游文明行为指南

中国公民，出境旅游，注重礼仪，保持尊严。
讲究卫生，爱护环境；衣着得体，请勿喧哗。
尊老爱幼，助人为乐；女士优先，礼貌谦让。
出行办事，遵守时间；排队有序，不越黄线。
文明住宿，不损用品；安静用餐，请勿浪费。
健康娱乐，有益身心；赌博色情，坚决拒绝。
参观游览，遵守规定；习俗禁忌，切勿冒犯。
遇有疑难，咨询领馆；文明出行，一路平安。

중국 공항 출국장 홍보문구

않기 위한 행동지침中国公民出境旅游文明行为指南'입니다. 출국장에 붙어야
할 이유가 명확하죠? 중국 사람들도 해외여행 나가서 자기네가 욕을
많이 듣는다는 사실을 잘 압니다. 그래서 창피함을 무릅쓰고 이 문구
를 크게 붙여 놓은 것입니다. 우리말로 해석하면 이렇습니다.

우리중국 사람들이 출국하여 여행할때,
예의범절 중시하여 존엄성을 유지하자.
위생수칙 잘지키고 주변환경 보호하고,
복장단정 신경쓰고 시끄럽게 잡담말자.

노인공경 아이사랑 돕는것이 내즐거움,

여성에게 양보하고 예의있고 겸손하자.

밖에나가 일처리에 시간을좀 잘지키고,

질서있게 줄을서고 노란줄을 넘지말자.

숙소매너 잘지키고 기물파손 하지말고,

조용하게 식사하고 낭비일절 하지말자.

건강하게 즐기는게 내심신에 유익하니,

도박이나 음란유희 가열차게 거절하자.

참관하고 관람할때 제반규정 준수하고,

현지풍습 금기사항 저촉않게 조심하자.

의문난관 마주치면 대사관에 문의하고,

집나가서 교양있게 편안여행 누려보자.

우리가 흔히 듣는 중국 여행객에 대한 비난이 여기 다 들어가 있습니다. 그런데 놀랍게도 4언시로 맞췄습니다. 그 4언시도 글자만 맞춘게 아니라 소리까지 맞췄습니다. 이게 보통 일이 아닙니다. 저조차도 그런 맛을 살리려고 네 글자로 번역을 했습니다.

대개 한국 사람이 중국 시를 번역하면 산문이 돼버립니다. 이건 문제입니다. 시를 번역하면 여전히 시여야 하죠. 산문으로 번역하면 내용을 이해하는 데는 문제가 없겠지만 그 맛을 제대로 살릴 수 없잖아요. 저를 비롯한 중문학자들이 시 공부를 많이 해서 시 번역은 시답게

해야 한다고 생각합니다. 그래서 저는 함부로 시 번역을 안 합니다.

4언시로 캠페인 문구를 만들었지만 결코 어렵지 않습니다. 일상생활에서 사용하는 말과 내용으로 붙여 놨습니다. 보통 '중국 시' 하면 누가 떠오르나요? 이백, 두보, 소동파, 왕유, 백거이 등의 뭔가 인생의 의미를 되새기고, 심오한 철학을 논하고, 또 유유자적한 자연을 노래하면서 대지를 품는 이런 시를 주로 떠올리잖아요. 이런 시는 중국 사회에서도 극히 일부분입니다. 중국은 오히려 일상생활의 모든 면에서 시를 활용합니다. 오늘 강조하려고 하는 것도 바로 그 부분입니다.

저는 2003년 양의 해에 처음으로 중국에 가서 살아 봤습니다. 교수가 되고도 한참 후인데 어떻게 그때서야 중국에서 처음 살게 됐는지 궁금하실 겁니다. 저는 유학파가 아니라 국내파입니다. 국내에서 공부해서 사실 주눅도 좀 들었습니다. 개인적으로 노력을 많이 해서 유학 다녀오신 분만큼은 아니어도 어느 정도는 따라간 경우입니다. 그러다 2003년에 중국에서 살 기회가 생긴 겁니다. 물론 단기로 몇 번 왔다 갔다 하기는 했습니다만, 1년 이상 길게 산 건 그때가 처음입니다.

그런데 세상이 저와 가족을 안 도와주는지 저희가 들어갈 때 중국 내 한국 사람들이 다 나왔습니다. 사스SARS 때문이었습니다. 2002년 12월 중국 광둥에서 발생한 사스가 소리소문없이 커지고 있을 때, 언론에서 발표를 하지 않아서 아무도 모르고 있을 때, 중국에 들어갈 계획을 세웠습니다. 그리고 막 언론에 발표될 때 저희는 들어가고 다른 분들은 나오게 된 것이죠. 그때 제가 시안에서 살았습니다.

거기서 두 아이를 중국 학교에 보냈습니다. 아까 학교에서 교과서를 외우게 한다고 말씀드렸잖아요. 제 아이들이 직접 경험한 얘기입니다. 외국인이라고 안 봐줍니다. 당시에 학교 가는 것 이외에는 외출 금지 조치를 내렸습니다. 아침마다 체온을 재서 등교할 때 알려줘야 합니다. 도수가 조금만 높아도 학교에 못 나오게 했습니다. 그러니 다 36.5도를 써서 내겠죠? 학교에서는 사스를 어떻게 예방하라는 지침서를 보냅니다. 가정통신문이죠.

그런데 놀랍게도 그 예방지침서가 4언시로 되어 있었습니다. 제목이 '學生預防非典四字歌'인데요, 우리말로 번역하면 '학생들이 사스를 예방하기 위한 4자 노래'입니다. 여기서 '비전非典'이 사스를 가리킵니다. 비전형성 폐렴, 즉 '아직 알려지지 않은 폐렴'이라는 뜻입니다. 이 문서를 나눠주고 학부모 도장을 받아오게 했습니다. 지침서를 발행한 곳은 '西安市防治非典辦公室'입니다. '시안의 사스 예방사무실'이란 뜻이죠. 너무 신기해서 2003년에 받은 문서를 아직 안 버리고 가지고 있습니다. 이 문구도 운율에 맞춰서 번역하느라 고생 좀 했습니다. 한 번 읽어 볼까요?

預防非典, 人人參與,
相信科學, 不必恐懼.
勞逸結合, 按時起居,
測量體溫, 每天警惕.

學習環境, 通風開窗,

經常消毒, 整潔衣裝.

勤洗雙手, 口罩戴上,

飲食干淨, 平衡營養.

減少聚會, 遠離病源,

增强體質, 注意鍛煉.

防寒保暖, 避免感冒,

有病就醫, 越早越好.

强身健體, 快樂成長,

防患未然, 關愛健康.

사스 예방 활동에는 너도나도 참여하자

두려워 할 필요 없이 과학의 힘 믿어보자

일과 휴식 적절하게 규칙적인 생활하자

매일매일 조심조심 체온을 잘 측정하자

공부하는 환경에는 통풍되게 창을 열자

자주자주 소독하고 복장들도 청결하자

부지런히 손을 씻고 마스크를 착용하자

먹는 음식 깨끗하게 영양분은 고루고루

바깥 모임 횟수 줄여 병원체를 멀리하자

운동에도 신경을 써 강한 체질 마련하자

춥지 않고 따뜻하게 감기 감염 되지 말자

몸 아프면 병원으로 빠를수록 더욱 좋다

몸과 마음 건강하여 즐거웁게 자라나자

미리미리 대비하고 건강에 늘 신경 쓰자

문구별로 끝나는 한자의 음가가 똑같습니다. 운을 맞췄습니다. 누가 작성했는지 정말 궁금했습니다. 대단하지 않습니까? 이때 말고도 학교에서 보내는 가정통신문에 시구를 이용한 경우가 여럿 있었습니다. 시를 이용하면 어떤 효과가 있을까요? 외우기가 쉽습니다. 입에 잘 달라붙습니다. 이런 이유로 더 신경을 써서 만드는 것 같습니다.

🌺 중국의 대중가요

이제는 중국의 노래를 한번 살펴볼까 합니다. 우리나라도 그렇지만 특히 중국 노래에는 가사가 좋은 게 참 많습니다. 먼저 노래 하나를 볼까요?

그대만 있다면至少还有你

린이롄林忆莲

我怕来不及 我要抱着你

直到感觉你的皱纹有了岁月的痕迹

直到肯定你是真的

直到失去力气

为了你 我愿意 动也不能动 也要看着你

直到感觉你的发线有了白雪的痕迹

直到视线变得模糊

直到不能呼吸

让我们 形影不离

如果全世界我也可以放弃

至少还有你值得我去珍惜

而你在这里就是生命的奇迹

也许全世界我也可以忘记

就是不愿意失去你的消息

你掌心的痣

我总记得在那里

그럴 날 있을까 내가 그대 안고

그대 주름에서 세월의 흔적 느낄 그 날

그대가 기력을 잃어감을 느낄 그 날

그대 위해 난 그러고 싶어

꼼짝도 하지 않고 그대를 보면서

그대 머리카락에서 흰 눈의 자취 느낄 때까지

그대 눈앞이 흐려질 때까지

그대가 숨을 못 쉴 때까지

우리 절대 떨어지지 않을 거야

나는 온 세상도 포기할 수 있어

소중한 그대만 있을 수 있다면

그대가 여기 있다면 그게 바로 생명의 기적

나는 온 세상도 잊을 수가 있어

그대 잃고 싶지 않아

그대 손바닥 어디에 흉터가 있는지 까지

나는 기억할 수 있어

저희 가족이 2003년 중국에 처음 들어갔을 때, 사스 때문에 거의 반 년 동안 전 국민이 집 밖을 못 나가게 했습니다. 저희 가족은 그나마 중국인들보다는 자주 나가 볼 수 있었습니다. 여권을 보여 주면 외국 인이라고 다닐 수 있게 해줬습니다. 말이 반년이지 얼마나 답답했겠 습니까? 너무 억눌러도 폭발하니까 모르는 척하며 보내줬습니다. 그 때 시내에 나오면 거리가 온통 이 노래로 가득 찼습니다. 그래서 저희 가족에게는 중국 하면 이 노래입니다.

그때만 해도 제가 이 노래를 듣기만 했지 가사를 공부할 생각은 안 했습니다. 귀국하고 한참 뒤에 어쩌다가 이 노래를 다시 듣게 됐는데, 그때 생각이 나서 찾아보니 가사가 이렇게 좋은 거예요. 당시 길거리에서 듣기만 해도 좋았는데 가사까지 이해하고 보니까 더 애틋한 거죠. 유튜브에 이 노래가 많이 올라와 있으니 꼭 한번 들어 보세요.

이 노래가 우리 가족에게만 좋았던 것은 아닌 것 같습니다. 우리나라 아이돌 그룹 중에 중국에서 인기를 끌던 팀이 많죠? 그중에서 슈퍼주니어가 이 노래를 리메이크했습니다. 슈퍼주니어가 이 노래를 가지고 중국에 진출하면서 빠른 시간 안에 큰 사랑을 받는 데 성공했습니다. 아이돌을 좋아할 수도 안 좋아할 수도 있습니다만, 저는 이 친구들을 보면서 정말 놀랐습니다. 중국에 진출하기 위해 이렇게까지 중국어를 공부했다는 것 자체가 놀라운 일입니다. 멤버 중에 한 사람이 중국인이긴 합니다만, 나머지 멤버들도 열심히 노력해서 똑같이 노래를 불렀습니다. 노래 수준도 원가수 못지않게 잘 불렀습니다.

다음에 살펴볼 노래도 2003년도에 크게 인기를 끌었던 곡입니다. 2003년도에는 앞의 노래랑 이 노래, 두 곡밖에 없었다고 해도 과언이 아닙니다.

내게 가장 낭만적인 것은 最浪漫的事

자오융화 赵咏华

……

我能想到最浪漫的事

就是和你一起慢慢变老

一路上收藏点点滴滴的欢笑

留到以后坐着摇椅慢慢聊

我能想到最浪漫的事

就是和你一起慢慢变老

直到我们老的哪儿也去不了

你还依然把我当成手心里的宝

......

내가 생각하는 가장 낭만적인 것은

그대와 함께 천천히 늙어가는 것

하나하나 기쁨의 웃음을 조금씩 모으며

흔들의자에 앉아 천천히 담소하는 것

내가 생각하는 가장 낭만적인 것은

그대와 함께 천천히 늙어가는 것

우리가 아무 곳도 못 갈 만큼 늙어도

나는 여전히 그대 손에 쥔 보석이고 싶어

여기 소개한 것은 전체 노래가 아니라 후렴구입니다. 너무 길어서 이 부분만 따왔습니다. 12년 전에 유행했던 노랜데 2014년에 다시 중국에서 인기를 끌었습니다. 우리나라에서도 이런 프로그램이 있죠? '더 보이스 오브 차이나'란 프로그램에서 진즈원金志文이란 청년이 이 노래를 리메이크해서 크게 히트를 했습니다. 이 노래도 가사가 참 좋습니다. 유튜브에서 꼭 찾아서 들어 보시기 바랍니다.

다음 노래는 현대 노래인데도 중국 전통시인 5언시, 7언시, 8언시 등의 형태를 그대로 유지한 곡입니다. '존재存在'라는 제목의 노랜데요, 열 단어씩 정확하게 맞춰서 가사를 썼습니다.

존재存在

왕펑汪峰

多少人走着却困在原地

多少人活着却如同死去

多少人爱着却好似分离

多少人笑着却满含泪滴

谁知道我们该去向何处

谁明白生命已变为何物

是否找个借口继续苟活

或是展翅高飞保持愤怒

我该如何存在

多少次荣耀却感觉屈辱

多少次狂喜却倍受痛楚

多少次幸福却心如刀绞

多少次灿烂却失魂落魄

谁知道我们该去向何处

谁明白生命已变为何物

是否找个理由随波逐流

或是勇敢前行挣脱牢笼

我该如何存在

얼마나 많은 사람이, 걷고 있지만 제자리인가

얼마나 많은 사람이, 살고 있지만 죽어가는가

얼마나 많은 사람이, 사랑하지만 헤어지는가

얼마나 많은 사람이, 웃고 있지만 눈에는 눈물 가득한가

누가 아는가, 우리는 어디로 가야 하는지

누가 아는가, 생명은 변해서 뭐가 되는지

핑계를 찾아서 구차하게 살아야 하는가

분노를 지닌 채 날개 펴고 높이 날아야 하는가

나는 어떻게 살아야 하나

얼마나 많은 영광이, 도리어 굴욕이었나

얼마나 많은 기쁨이, 도리어 고통이었나

얼마나 많은 행복이, 도리어 나를 찔렀나

얼마나 많은 찬란이, 도리어 혼백 잃었나

누가 아는가, 우리는 어디로 가야 하는지

누가 아는가, 생명은 변해서 뭐가 되는지

핑계를 찾아서 물결 따라 흘러가야 하나

새장을 벗어나 용감하게 날아가야 하나

나는 어떻게 살아야 하나

현대인의 고뇌를 고시의 형식을 빌어 표현한 가사입니다. 그렇다면 이 노래가 고리타분하다고 사람들이 싫어했을까요? 아닙니다. 대히트를 했습니다. 이처럼 중국의 시 전통은 옛날이나 지금이나 노래 속에 고스란히 녹아 이어져 내려오고 있습니다.

✿ 《시경》을 시답게 번역하기

물수리关雎

关关雎鸠, 在河之州.

窈窕淑女, 君子好逑.

参差荇菜, 左右流之.

窈窕淑女, 寤寐求之.

求之不得, 寤寐思服.

悠哉悠哉, 辗转反侧.

参差荇菜, 左右采之.

窈窕淑女, 琴瑟友之.

参差荇菜, 左右芼之.

窈窕淑女, 钟鼓乐之.

끼욱끼욱 저 물수리, 강가에서 노니누나.

아리따운 저 아가씨, 멋진 남자 짝이러니.

들쑥날쑥 어리연꽃, 좌로 우로 흘러가네.

아리따운 저 아가씨, 자나깨나 보고파라.

보고파도 보지 못해, 자나깨나 그리워라.

어야디야 어야디야, 이리 뒤척 저리 뒤척.

들쑥날쑥 어리연꽃, 좌로 우로 떠서 담네.

아리따운 저 아가씨, 금과 슬로 다가갈까.

들쑥날쑥 어리연꽃, 좌로 우로 골라 담네.

아리따운 저 아가씨, 종과 북을 쳐보리라.

이 시는 중국에서 기록된 시 중에 가장 처음에 나오는 시입니다. 그러니까 《시경詩經》에서도 가장 먼저 나오는 것입니다. 지금으로부터 3,000~3,500년 전에 지어진 시입니다. 앞에 보셨던 중국 공항 출국장에 쓰인 행동지침 기억나시죠? 학생들에게 나눠준 사스 예방가도 기억하시죠? 3천 년이 넘게 시대 차이가 나는 글인데 똑같이 4언시를 쓰고 있습니다.

이 자리에는 분명히 시경을 공부해 보신 분이 계실 겁니다. 혹시 눈치를 채셨을지 모르겠습니다. 제가 발칙하게도 해석을 4언에 맞춰서 해봤습니다. 제가 우리나라에 나온 《시경》 번역본을 얼마나 많이 봤겠습니까? 그러나 지금까지 이처럼 번역을 4언으로 한 것은 보지 못했습니다. 그래서 제가 감히 시도해 봤습니다. 다만 길이는 2배로 늘렸습니다. 한자 하나를 한글 하나로는 도저히 번역할 수 없습니다. 그래서 대신 배로 늘려서 4언으로 맞춰본 것입니다.

《시경》은 이렇게 옮겨야 하지 않을까요? 《시경》은 시로 되어 있잖아요. 그런데 내용을 충실히 전달한다고 뜻풀이하듯 번역하니까 시가 아니라 산문이 돼버립니다. 물론 반론도 있습니다. 저처럼 하다 보면 번역해야 할 글자를 빠트리기도 합니다. 운율에 맞추려다 보니 그렇게 되는 것이죠. 하지만 뭐 어떻습니까? 저는 뜻을 해석하는 것보다 운율을 맞추는 것이 더 중요하다고 생각합니다. 왜냐하면 이게 시이기 때문입니다.

문제는 또 있습니다. 이 시가 중국 문학을 배울 때 가장 먼저 배우는 것 중에 하나입니다. 대부분은 이 시를 왕이 훌륭한 왕비를 얻은 것을 기념해서 지었다고 가르쳤습니다. 게다가 산문처럼 번역하니 얼마나 맛이 떨어집니까? 더 이상 보고 싶지도 않습니다. 그런데 여러 고증을 통해 밝혀 보니 《시경》은 황하 중류지역의 평민들이 부르던 노래를 모은 가사집이었습니다. 그렇다면 일반인이 생활하며 부르던 것처럼 번역하는 것이 맞지 않나요?

요즘은 그래서 저뿐만 아니라 많은 학자가 전통적인 번역에서 벗어나서 원래 시에 좀 더 다가가기 위해 노력하고 있습니다. 2000년대 초에 상하이 푸단 대학復旦大學의 한 교수가 새로운 해석을 내놓기도 했습니다. 예를 들면 이 시를 임금이 아니라 어떤 남자가 일하러 들판에 나갔다가 저 멀리에서 처음 보는 여자를 발견하고 읊은 것으로 보는 거죠. 우리도 일상 속에서 비슷한 경우가 있잖아요. 지하철에서 스치듯이 한 여인을 봤는데 너무 예뻐서 기억에 남을 때가 있죠? 그때 시가 나오는 겁니다. 이 시도 그런 시라는 거죠.

이 시에 '요조숙녀窈窕淑女'라는 말이 나오죠? 우리가 일상에서 쓰는 요조숙녀는 어떤 사람일까요? 덕망이 깊고 속을 잘 안 드러내고 안방에서 신부수업을 열심히 하는 여자 정도로 보지 않나요? 제가 볼 땐 아닌 것 같습니다. 처음 보는 여잔데 덕망이 있는지 없는지 어떻게 압니까? 시에 나오는 요조숙녀는 그냥 예쁜 여자입니다. '아리따운 아가씨'라고 번역하는 게 타당한 거죠.

요조窈窕는 의태어입니다. 현대 중국어에서 몸매가 예쁘다고 표현할 때 쓰는 말과 발음이 유사합니다. 이 말은 그 여자의 몸매를 표현한 것이지 덕망이나 마음씨를 표현한 말은 아닌 것 같습니다. 이 노래가 처음 본 여자를 노래한 것이라는 점을 인정한다면 말입니다. 물론 몇 년 사귄 여자를 보고 노래한 거라면 내면까지 다 고려한 말이라고 볼 수도 있겠죠. 해석의 가능성은 열어둬야 할 것 같습니다.

전전반측輾転反側이란 단어는 잘 아시죠? 이리 뒤척, 저리 뒤척이는 겁니다. 금슬우지琴瑟友之에서 '금'과 '슬'은 악기입니다. 어울려야 하모니를 이루죠. 그래서 사이 좋은 부부를 '금슬이 좋다'고 표현하죠? 종고鐘鼓, 즉 '종'과 '북'도 같이 따라다니는 악기였습니다. 짝을 이루는 악기입니다. 둘이 떨어질 수 없는 악기입니다. 금과 슬, 종과 북을 떠올리며 그 아가씨와 함께 어울리고 싶다는 바람을 나타낸 것입니다.

제가 고등학교 다닐 때만 해도 길 가다가 예쁜 여학생을 만나면 다음 날 바로 기타 학원에 등록했습니다. 기타로 어떻게든 유혹해 보려는 거죠. 물론 오래가는 경우는 별로 없습니다만. 이처럼 악기를 연주해서 좋아하는 여성의 관심을 끌고 싶어하는 마음은 예나 지금이나 똑같습니다. 금과 슬, 종과 북이 나오는 게 바로 그런 마음입니다.

　1977년에 대학가요제 은상을 받은 '가시리'라는 노래가 대히트를 한 적이 있습니다. 그런데 그 이후로 한국의 전통시 양식이 대중가요로 만들어져 히트를 한 적이 별로 없습니다. 고려가요 형식으로 유행가를 불렀다는 얘기를 들어 보셨나요? 가능하지 않아 보입니다. 그러나 중국에서는 전통시 양식을 따온 노래가 심심찮게 히트를 하고 사랑을 받습니다.

칡넝쿨葛覃

葛之覃兮, 施于中谷, 维叶萋萋.
黄鸟于飞, 集于灌木, 其鸣喈喈.
葛之覃兮, 施于中谷, 维叶莫莫.
是刈是濩, 为絺为綌, 服之无斁.
言告师氏, 言告言归,
薄污我私, 薄澣我衣,
害澣害否? 归宁父母.

칡넝쿨은 얼기설기, 골짜기에 만연하고, 이파리가 치렁치렁.
저 황조는 날아올라, 관목숲에 모여들어, 재잘재잘 짖어댄다.
칡넝쿨은 얼기설기, 골짜기에 만연하고, 이파리가 팔랑팔랑.

베어다가 물에 삶아, 치포 격포 얽어 짜서, 애지중지 입는다네.

사씨에게 말하노니, 고향집에 가고파요.

지저분한 나의 속옷, 윗도리도 빨려고요.

무얼 빨까 잘 챙겨서, 부모님께 귀향하리.

이 시도 원작 운율에 맞추려고 애를 쓰며 번역해 봤습니다. 시집온 며느리가 시집 생활이 너무 힘들어 친정에 가고 싶어 하는 마음을 그린 노래입니다. '사씨'는 시댁을 가리킵니다. 시댁이 너무 고생을 시키고 옷도 잘 안 사주니까 속옷이 지저분해졌다며, 옷을 좀 빨아 입고 친정에 가고 싶다고 합니다. 고생하는 며느리 모습이 잘 드러나죠?

그런데 여기에다가 자꾸 역사적 의미를 집어넣고 누군가를 비유하는 것으로 해석하니까, 시의 맛이 떨어지고 어색해지는 겁니다. 이 시도 《시경》에 나옵니다. 앞에 시 〈물수리〉 바로 다음에 나오는 것입니다. 제가 예전에 《시경》에 나오는 시 305수를 4언시 형식으로 번역해 보겠다고 덤볐는데 능력이 부족해서 별로 진척이 없습니다. 언제 다 하게 될지는 잘 모르겠습니다.

🌸 중국의 사랑시

시의 가장 많은 소재가 바로 사랑이죠. 중국도 마찬가집니다. 이제 남은 시간에는 사랑시를 좀 소개할까 합니다. 이부인李夫人이라는 사람이 있었습니다. 한나라 시대 환관인 이연년李延年의 여동생입니다.

이 집안은 대대로 가무歌舞에 능했습니다. 이연년이 죄를 짓고 궁형을 당하여 환관 중에서도 최하층인 사냥개 관리인으로 일하게 됐는데, 그때 빼어난 외모와 미성美聲을 가진 이부인이 한무제의 눈에 띄어서 이연년도 따라 출세하게 됐다는 고사가 내려옵니다.

이부인이 이 당시까지 세상에서 가장 아름다운 여인이었다고 합니다. 미스 차이나 진眞 정도였겠죠? 그래서 이부인을 노래한 시가 미인을 노래한 시로 남게 되었습니다. 이부인의 오빠인 이연년이 지은 것으로 알려져 있습니다.

아름다운 북방 여인北方有佳人

北方有佳人,

绝世而独立.

一顾倾人城,

再顾倾人国.

宁不知倾城与倾国?

佳人难再得.

북방에 아름다운 여인 있어

세상에서 최고 미모 홀로 빼어났네.

한 번 돌아보면 성을 기울게 하고

거듭 돌아보면 나라를 기울게 하네.

성과 나라를 기울게 함을 어찌 모르겠는가만

아름다운 여인 다시 얻기 어렵도다.

세상에, 여자 때문에 나라가 망한답니다. 여인의 아름다움을 묘사한 것 중에 가장 심한 것이 바로 이것입니다. 나라가 망할 정도라는 거죠. 한자로는 '경국지색傾國之色'입니다. 나라를 기울게 한다, 망치게 한다는 뜻이죠. 이 여자를 차지하려고 남자들이 모든 것을 걸기 때문이죠. 이 노래는 역사적으로 계속 반복됩니다. 그중에 한 노래가 애니메이션으로도 만들어졌습니다. 유튜브에 한자로 '가인곡佳人曲'을 검색해 보시면 됩니다. 노래는 쑤만蘇曼이 불렀습니다.

한무제를 실제로 움직인 것도 이 노래입니다. 무희들이 이 노래를 부르니까 무제가 콧방귀를 뀌었습니다. 세상이 이런 여인이 어디 있느냐는 투였겠죠. 그때 무제의 여동생 평양공주平陽公主가 나서서 증언합니다. 이연년의 여동생이 바로 그런 여인이라고요. 이를 계기로 무제가 이부인을 총애하게 됩니다.

이 노래가 얼마나 유명한지 영화로도 만들어졌습니다. 장이머우張藝謀 감독의 〈십면매복十面埋伏〉이란 영화인데 우리나라에선 〈연인〉이란 제목으로 2004년에 개봉됐습니다. 당나라의 반란조직인 비도문의 딸 장쯔이가 당나라 펑티안 성 관리인인 금성무 앞에서 이 노래를 부릅니다. '이렇게 아름다운 여인이 있는데 왜 안 찾는가' 하는 가사죠. 옛날부터 한 여성이 남성과 사랑을 시작할 때 많이 인용되던 곡입니다.

절부의 노래 節婦吟

君知妾有夫

贈妾雙明珠

感君纏綿意

繫在紅羅襦

妾家高樓連苑起

良人執戟明光裏

知君用心如日月

事夫誓擬同生死

還君明珠雙淚垂

何不相逢未嫁時

당신은 내게 남편 있는 걸 알면서도

반짝이는 진주 한 쌍 내게 선물했죠.

당신의 애틋한 그 마음에 감격하여

붉은 비단 저고리에 달고 다녔어요.

우리 집은 끝없는 정원에 솟은 건물

남편은 창 들고 명광전 지키는 경호원

당신 마음 씀씀이 해와 달 같음을 알지만

생사를 같이 하기로 이미 남편과 맹세한 몸

반짝이는 진주 돌려주자니 두 줄기 눈물이 주르륵

왜 시집 가기 전 만나지 못했을까요.

다음은 〈절부의 노래〉입니다. 장적張籍이란 사람이 지은 것입니다. 이렇게 솔직하게 자기 마음을 표현한 시가 있다는 걸 확인하고 저도 놀랐습니다. 애인이 있거나 결혼하신 분들, 사귀자고 선언하고 난 뒤, 결혼식을 올리고 난 뒤 길에서 어떤 사람을 보고, '아, 내가 너무 일찍 결정했구나' 하는 생각이 들었던 적 있으시죠? 솔직히 말씀드릴게요. 저는 많았습니다. 이런 마음이 누구에게나 있는 것이기에 지금으로부터 약 1,500년 전 당나라 때에도 그 심정을 노래한 시가 나왔던 것입니다.

제목에는 '절개를 지킨 부인'이라고 되어 있습니다만, 이 시에 등장하는 여인이 절부라고 느끼십니까? 오히려 남편이 아닌 그 남자를 절절하게 생각하는 마음이 느껴지지 않으세요? 남편이란 자가 궁전을 지키는 경호원이랍니다. 발각이라도 되는 날엔 뼈도 못 추리지 않겠어요? 계속 사귀다가는 죽는다, 선물로 받은 다이아몬드는 돌려줄게. 시집 오기 전에 좀 만나지. 이러면서 이 시를 쓴 겁니다. 사람의 마음은 예나 지금이나 크게 다르지 않지요?

다음 시는 후회를 넘어서 결연하게 만나는 사람의 시입니다. 양쪽을 다 만나려니 얼마나 힘들었겠습니까? 그래서 눈물을 머금고 한쪽을 정리합니다. 그 마음을 표현한 시를 한 번 보시겠습니다.

남몰래 이별해야 하기에潛別離

不得哭, 潛別離.

不得言, 暗相思.

兩心之外無人知.

深籠夜鎖獨栖鳥,

利劍春斷連理枝.

河水雖濁有淸日,

烏頭雖黑有白時.

唯有潛離與暗別,

彼此甘心無後期.

울 수가 없어요, 남 몰래 이별해야 하니.

말할 수 없어요, 남 몰래 사랑해야 하니.

우리 마음 두 사람 말고는 아무도 모르죠.

깊은 밤 굳게 잠긴 새장에 홀로 있는 새.

봄 연리지를 날카로운 검으로 잘라낸 듯

황하 물 탁해도 맑을 날 있지만

까마귀 머리 검어도 하얘질 날 있지만

남 몰래 하는 이별만은

피차 훗날 기약 없어 어쩔 수 없네요.

당나라 때 백거이_{白居易}가 지은 시입니다. 백거이는 대중의 마음을 아주 잘 포착해서 이해하기 쉽게 쓴 사람입니다. 당시 백거이는 당나라는 물론 한반도에서도 인기 있는 스타였습니다. 이대로 가다간 위태로우니까 정리하기는 싫지만 해야 하는 상황입니다. 그 갈등이 그대로 묻어나고 있죠?

다음 시는 항우_{項羽}의 사랑이야기입니다. 항우와 그의 여인 우희_{虞姬}의 사랑이야기는 워낙 널리 알려져서 전 세계를 뒤흔든 영화 〈패왕별희_{覇王別姬}〉가 만들어졌습니다. 그 영화를 나오게 한 시가 바로 이것입니다. 이 시에서 출발해 수많은 이야기가 만들어졌고, 또 우리가 잘 아는 경극이 만들어졌습니다.

해하에서 노래하다_{垓下歌}

力拔山兮气盖世.

时不利兮骓不逝.

骓不逝兮可奈何.

虞兮虞兮奈若何.

힘은 산을 뽑고, 기세는 세상을 덮었건만,

시운이 불리하여, 추도 달리려 하지 않는구나.

추가 달리려 하지 않으니, 어쩌면 좋을까

우희여, 우희여! 너를 어찌 할까!

항우가 유방에게 밀리면서 해하까지 왔습니다. 그리고 마지막으로 이 노래를 부릅니다. 항우가 자기를 따르던 여인, 타고 다니던 말과 이별하면서 지은 겁니다. 시에 나오는 '추騅'는 말 이름입니다. 같이 따르던 여인 우희가 화답을 했죠.

항왕에게 화답하다和项王歌

汉兵已略地.

四方楚歌声.

大王意气尽.

贱妾何乐生.

한나라 군대가 이미 모두 점령하여,

초나라 노래가 사방에 가득하군요.

대왕께서 의지와 기력이 다하시면,

저는 무슨 낙으로 살까요!

항우와 우희 두 남녀의 사랑으로 마감한 노래들입니다. 이 노래가 훗날 여러 사람의 입을 거치며 아름다운 사랑과 이별의 이야기로 살이 붙습니다. 소설이 되고, 드라마가 되고, 경극이 되고, 또 영화가 됐습니다. '사면초가四面楚歌'도 여기서 나온 이야기입니다.

다음은 척부인戚夫人의 시입니다. 항우의 라이벌 유방劉邦은 다 아실 겁니다. 그 유방이 사랑했던 여인이 바로 척부인입니다. 유방이 이 여인을 너무 사랑해서 그녀와의 사이에서 태어난 아들 유여의劉如意를 자기 후계자로 세우려고까지 했습니다. 그런데 뜻대로 되지는 않았습니다. 유방의 원래 부인인 여후呂后가 얼마나 미웠겠어요. 유방이 죽고 권세를 잡은 여후는 척부인을 영항永巷에 가두고 수의를 입히고 하루 종일 절구를 찧게 했습니다. 이때 지은 노래가 바로 이것입니다.

절구를 찧으며 舂歌

子为王. 母为虏.

终日舂薄暮.

常与死为伍.

相离三千里.

当谁使告女.

아들은 왕이건만 어미는 죄수 되어

아침부터 저녁까지 종일 절구질만 하여

늘 죽음과 짝이라네.

3천 리 저 멀리 떨어져 있으니

누구더러 네게 소식 전하라 할까.

척부인이 이 노래를 하는 것을 들은 여후는 당시 조왕趙王 유여의를 장안으로 불러들여 독살했습니다. 그리고 척부인의 손발을 자른 뒤, 눈알을 파내고 귀를 먹게 했습니다. 그리고 우리에 던져 넣어 '사람 돼지人彘'라고 조롱하며 비참하게 죽게 만들었습니다.

유방과 척부인 입장에서 보면 어떻겠습니까? 서로 뜨겁게 사랑한 사이 아닙니까? 그러나 남자 쪽 원래 부인의 질투로 비참한 최후를 맞았습니다. 뜨거웠던 사랑이 이내 식어버린 것이죠. 이 사랑이야기도 사람들의 안타까운 마음을 자극해 후대로까지 이어집니다. 그중에 하나가 〈원가행怨歌行〉입니다.

원가행怨歌行

新裂齐纨素.

鲜洁如霜雪.

裁为合欢扇.

团团似明月.

出入君怀袖.

动摇微风发.

常恐秋节至.

凉飚夺炎热.

弃捐箧笥中.

恩情中道绝.

새로 끊은 산동 하얀 비단

서리처럼 흰 눈처럼 선명하고 깨끗하다.

잘 오려서 합환선 만드니

밝은 저 달처럼 둥글둥글

님의 품과 옷소매에 드나들며

흔드니 미풍 일어난다.

늘 걱정되는 것이라면 언젠가 가을이 되어

더위 사라지고 시원한 바람 불면

바구니에 버려져서

애정이 중간에 끊어지는 것이라네.

부채를 노래한 시입니다. 부채가 어떻습니까? 뜨거운 여름에는 너도나도 부채를 찾지 않습니까? 여름이 지나고 가을에 접어들어 막 시원해질 바로 그 시기가 되면, 아무도 부채를 찾지 않죠? 이게 바로 여인의 심정입니다. 더울 때는 너도나도 찾더니 시원해지니까 버림받은 부채처럼 아무도 나를 찾지 않는구나, 하는 심정인 거죠. 반첩여班婕妤 라는 궁녀가 쓴 시입니다.

새아씨의 원망閨怨

閨中少婦不知愁,
春日凝粧上翠樓,
忽見陌頭楊柳色,
悔敎夫婿覓封候.

규방 새아씨 시름 모르고,
봄에 짙게 화장하고 비취빛 누각에 올랐네.
저기 저 강가에 파릇파릇 버드나무 물오르니,
출세해 돌아오라고 새신랑 보낸 게 후회스럽네.

막 시집온 새댁의 마음입니다. 예나 지금이나 남편이 출세하려면 같이 살지 못하고 떨어져 사는 경우가 많습니다. 이 시에서도 남편이 결혼하자마자 성공해서 돌아오겠다고 전쟁터로 떠났습니다. 새댁은 한창 청춘일 때 남편이랑 즐기지 못하고 홀로 있어야 하니 그 원망을 노래한 것입니다.

이처럼 한나라 때부터 시작해서 여인의 심정과 사랑을 노래한 시가 많이 남아 있습니다. 이런 것들이 명청 때까지 이어져 내려옵니다. 마지막으로 여러분께 소개할 시도 그중 하나입니다.

오늘 저와 여러분의 만남이 썩 좋은 편이 아니었는지도 모르겠습니다. 제가 허둥지둥 오는 바람에 좋은 인상을 드리지 못해서요. 하지만 첫 만남이 경이로운 기억으로 남을 때가 있죠? 같은 뜻으로 쓴 시가 있습니다.

인생이 만약 늘 첫 만남 같다면 人生若只如初見

人生若只如初見,
何事秋風悲畫扇.
等閑變却故人心,
却道故人心易變.
驪山語罷淸宵半,
夜雨霖鈴終不怨.
何如薄幸錦衣郎,
比翼連枝當日願.

인생이 만약 늘 첫 만남 같다면,
가을 바람에 화선畫扇이 슬퍼할 일 어찌 있겠어요.

얼마 못 가 변해버린 내 님 마음,

연인의 마음은 원래 쉽게 변하곤 했다며 핑계를 대네요.

여산驪山에서의 굳은 맹세 허사되고 밤은 깊어만 가건만,

밤비 방울 소리에 마음 애절해도 끝내 원망은 없어요.

멋지게 차려 입은 매정한 그대,

당 현종과 양귀비의 그날 언약 어찌할까!

이 시를 지은 납란성덕納蘭性德은 청나라의 귀족입니다. 앞에서 말씀
드린 이부인, 반첩여, 척부인, 당 현종과 양귀비 등의 모든 사랑이야기
를 살핀 다음에 마지막으로 청나라 때 이 시를 지은 겁니다. 둘째 줄
에 '화선'은 부채를 말합니다. 반첩여의 시에서 나왔죠? '여산의 굳은
맹세'는 양귀비와 당 현종의 이야기입니다. 아무리 굳게 맹세해도 변
하고 마는 사랑의 마음을 노래한 것이죠.

이 시 안에 사랑과 관련한 애수, 비애, 한탄, 감개 등이 너무나 실감
나고 적절하게 표현되어서 이후 300여 년 동안 무수히 애송愛誦되었다
고 합니다. 저도 제 명함에다가 이 시의 제목을 써넣었습니다. '인생이
늘 그저 첫 만남 같다면人生若只如初見'을 새겨서 새로운 사람을 만날 때
마다 돌리고 있습니다.

*사진: 대한항공 중국 광고 캠페인(90~98쪽), 홍승직 제공(107~110쪽)

제3강

《삼국지》는 왜
읽어야 하는가

| 서성 |

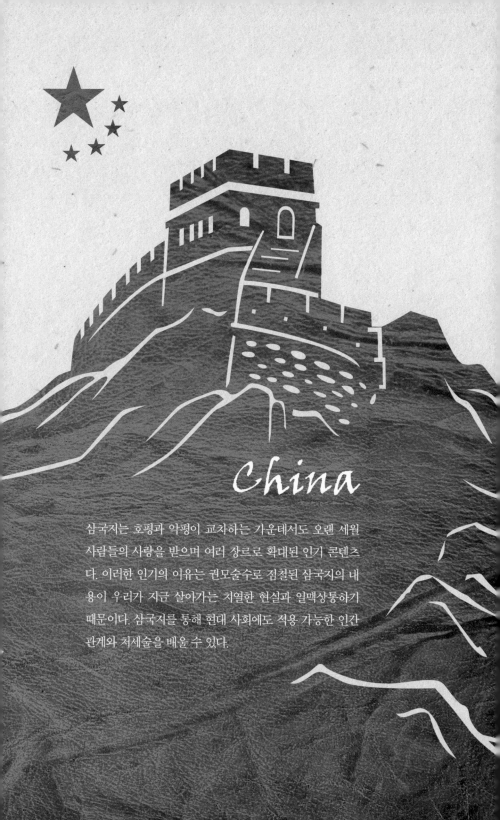

China

삼국지는 호평과 악평이 교차하는 가운데서도 오랜 세월
사람들의 사랑을 받으며 여러 장르로 확대된 인기 콘텐츠
다. 이러한 인기의 이유는 권모술수로 점철된 삼국지의 내
용이 우리가 지금 살아가는 치열한 현실과 일맥상통하기
때문이다. 삼국지를 통해 현대 사회에도 적용 가능한 인간
관계와 처세술을 배울 수 있다.

안녕하세요. 제 이름은 서성입니다. 이번 강의 제목을 '《삼국지》는 왜 읽어야 하는가'라고 붙여 봤습니다. 사실 《삼국지》는 안 읽어도 됩니다. 하지만 《삼국지》를 읽으면 좋겠다는 뜻을 이 제목으로 표현해 봤습니다.

제 이름은 《삼국지》에 나오는 동오의 명장 이름과 같습니다. 제갈량을 추적한 장수고, 조비가 동오를 치려고 할 때 양자강(揚子江, 장강의 다른 이름) 남쪽에서 짚단을 세워 병사가 많은 것처럼 위장했던 장수이기도 합니다. 그러다 보니 어렸을 때부터 《삼국지》에는 친근감을 느꼈습니다. 고등학교 때는 도서관 사서 선생님께서 저를 보고 항상 '서성 정봉'이라고 불러 주셨습니다. 그래서 '삼국지는 내가 강의해야 하지 않을까' 하는 생각을 문득 하게 된 것 같습니다. 동오의 장수가 삼국지를 이야기하는 모습을 상상하면서 강의를 해보겠습니다. 저는 열린사이버대학교에서 재직하며 2004년부터 10년 이상 〈삼국지와 삶의 지혜〉라는 과목을 강의했습니다. 아마 전국 대학에서 《삼국지》를 독립된 과목으로 가르치기 시작한 건 제가 처음이 아닐까 생각합니다. 현재는 배재대학교에서 강의하고 있습니다.

현존하는 《삼국지》 중에 가장 오래 된 것은 1522년에 출판된 것인데요, 그해가 임오년이어서 '임오본'이라고 부릅니다. 그때부터 모종강毛宗崗의 《삼국연의三國演義》까지 150여 년간 삼국지가 개작이 됩니다. 그중에서 1591년 남경에서 찍은 《삼국지》에는 그림이 240장이 들어 있습니다. 이 그림들에 대한 해설을 제가 연재하고 책으로 낸 적이 있습니다. 제가 《삼국지》에 가까이 다가간 방법으로 중국의 관련 유적 답사, 10년 이상의 강의와 그림책 해설, 그리고 몇 편의 논문이 있습니다.

🦁 《삼국지》 개요

《삼국지》에 대해 아주 짧게 소개하겠습니다. 《삼국지》가 무엇일까요? 중국의 삼국시대에 위, 오, 촉 세 나라의 대립과 투쟁을 그린 소설입니다. 시대적으로는 220년부터 280년까지 60년간입니다. 조조가 220년 1월에 죽고 그해 10월 아들 조비가 황제로 등극하면서 위나라가 세워집니다. 한나라의 마지막 황제 헌제獻帝는 조비에게 쫓겨나죠. 여기에 자극을 받아 제갈량 등의 추대에 따라 유비가 221년 촉을 세우게 됩니다. 동오는 229년에 손권이 황제를 자칭하면서 세웁니다만, 221년에 이미 위나라에 대한 신하국을 자처하면서 오왕으로 봉해지기 때문에 학자들은 이때부터 사실상 독립국으로 인정합니다. 촉나라는 263년에 위나라에게 망하고 오나라는 위나라 이후에 세워진 진晉나라에게 280년에 망합니다. 이렇게 220년부터 280년을 '삼국시대'로 칭합니다.

그런데 우리가 알고 있는 적벽대전은 208년에 일어납니다. 220년 이전이죠? 조조가 북방을 통일한 관도전은 200년에 일어납니다. 삼국시대는 220년부터지만 이미 한나라 말기에 중앙정부는 힘을 잃고 각 지역의 군벌이 두각을 나타내기 시작한 것입니다. 원소와 조조가 대표적이지 않습니까? 그래서 관용적으로 삼국시대는 황건의 난이 일어난 184년부터 시작됐다고 봅니다. 184년부터 280년까지 약 100년간입니다. 《삼국지》에 등장하는 1천여 명의 인물이 100년 동안 활약했다고 보면 되겠습니다.

삼공

중국에서 최고의 관직에
있으면서 천자를 보좌하
던 세 벼슬. 후한(後漢)
때는 태위(太尉), 사도(司
徒), 사공(司空)이 있었다.

중국에서 삼국이 쟁패할 때 우리나라도 삼국시대였습니다. 고구려는 산상왕에서 서천왕 때까지, 백제는 구수왕에서 고이왕 때까지, 신라는 내해왕에서 미추왕 때까지입니다. 우리가 잘 아는 광개토대왕은 중국의 삼국시대가 끝나고 약 100년 후에 활약했습니다.

소설은 모두 120회로 되어 있습니다. 전체 구성은 여섯 단락으로 나눌 수 있습니다. 첫 번째 단락은 1회부터 21회로 '난세의 시작과 영웅들의 등장'입니다. 이 단락을 보면 두서가 없습니다. 군벌들이 등장하고, 동탁이 정권을 장악하기도 하고, 황제도 바뀌고, 우리가 잘 아는 주인공들도 나타나지 않습니다. 제일 앞부분에 유비, 관우, 장비가 도원결의를 하는 장면이 묘사되지만 그 이후에는 혼란스런 상황만 계속됩니다. 그밖에 주요 인물들은 이 시기에 조금씩 성장합니다.

두 번째 단락은 22회부터 33회로 '조조의 북방통일'입니다. 당시에는 원소가 가장 강력했죠. 원소는 아버지와 할아버지, 증조, 고조 때까지 4대에 걸쳐 삼공三公을 지낸 사람을 5명이나 배출한 집안 출신입니다. 지금으로 치면 국무총리, 국방부 장관, 내무부 장관 등이 5명이나 됩니다. 대단한 가문이었죠. 원소는 할아버지와 아버지가 쌓아 놓은 인맥을 바탕으로 빠르게 성장한 것입니다. 그러나 새롭게 등장한 조조에게 참패를 당합니다.

세 번째 단락은 34회부터 50회로 '적벽대전'입니다. 북방을 통일한 조조는 여세를 몰아 남방으로 내려갑니다. 만약 이 일이 성공한다면 중국은 조조의 나라가 되겠죠. 여러 가지 노선이 있지만 형주로 가서 강릉이란 곳을 거쳐 내려옵니다. 그곳에 수군 함대가 있었기 때문입니다. 함대를 차지해서 양자강을 따라 오나라로 진입하려는 계획이었습니다. 그때 신야에 있던 유비가 조조의 군대와 맞서다가 후퇴합니다.

적벽대전이 일어나기 1년 전인 207년에 유비가 제갈량을 삼고초려로 영입하는 데 성공하죠. 소설을 보면 제갈량 이전에 '서서'라는 인물이 나옵니다. 이 사람도 처음에는 '선복'이라는 이름으로 나옵니다. 약간 신비한 인물로 묘사되죠. 그 전에는 '사마휘'라고 재야에 은거하는 덕망 높은 선비가 있었습니다. 그는 유비를 만나 "와룡과 봉추 중에 한 명만 얻어도 천하를 얻는다"는 유명한 말을 했습니다. 이처럼 제갈량이 등장하기 전에 많은 장치를 깔아서 독자들이 자기도 모르게 빨려 들어가게 만들었습니다. 처음에는 산만하다가 제갈량이 등장하면서 촉나라의 유비를 중심으로 이야기에 통일성이 생기기 시작합니다.

유비가 동오 세력과 힘을 합쳐서 조조를 막는 것이 적벽대전입니다. 연합작전이 성공을 하죠. 적은 군대로 많은 군대를 물리쳤습니다. 소설에는 조조의 병력이 80만 대군으로 묘사됐지만 실제로는 20만 명정도로 보고 있습니다. 연합군도 8만에서 10만 명 정도였을 거라고 추정합니다. 《삼국지》의 3대 전투라고 일컫는 관도전과 이릉전과 함께 모두 적은 군대로 많은 군대를 이긴 전투입니다. 관도전은 원소에 비해 조조가 적은 군대였고, 이릉전은 유비에 비해 동오가 훨씬 약했습니다. 이처럼 적은 군대가 지혜와 용기로 많은 군대를 이기는 역전을 보여 준다는 점이 《삼국지》의 커다란 매력이라고 할 수 있습니다.

네 번째 단락은 51회부터 72회까지 '유비의 서촉 평정'입니다. 유비는 적벽대전에서 이긴 뒤 동오로부터 형주의 일부를 받아냅니다. 그곳을 관우가 10년간 지키죠. 나머지 병력은 근거지를 찾아 촉으로 들어갑니다. 촉, 서촉, 익주라는 말은 모두 지금의 쓰촨 성을 가리킵니다. 유비는 마침내 성공해서 성도(오늘날 쓰촨 성 청두)에 도읍을 정하고 나라를 세웁니다.

다섯 번째 단락은 73회부터 104회까지 '영웅들의 퇴장과 제갈량의 남정북벌'입니다. 219년에 관우가 죽죠. 그 원수를 갚으려고 유비가 병력을 대거 이동하는 도중에 장비가 또 부하들에게 살해당합니다. 유비도 이릉전에 실패한 뒤 울화를 견디지 못하고 223년에 죽습니다. 조조도 220년에 죽지 않습니까? 이처럼 220년을 전후해서 우리가 아는 영웅들은 대부분 죽습니다. 이제 제갈량이 혼자 남아 촉나라를 지킵니다. 남쪽으로는 맹획과의 칠종칠금七縱七擒 이야기가 유명하죠. 북쪽으로는 여섯 번 기산을 나간다 해서 '육출기산六出祁山'으로 전개됩니다. 기산은 시안에서 서북쪽으로 조금 가면 나오는 톈수이天水라는 도시 가까이에 있는 산입니다.

《삼국지》를 읽다 보면 세 번 책을 집어던진다는 말이 있습니다. 처음은 관우가 죽을 때 던집니다. 동오의 육손과 여몽의 계략으로 관우가 허망하게 죽지 않습니까? 그런데 막상 책을 던지고 나면 그 다음이 궁금하잖아요. 며칠 지나 다시 주섬주섬 책을 들고 보다가 유비가 죽는 장면이 나오면 또 실망하여 "에이! 재미없어!" 하고 두 번째로 책을 던지죠. 그래도 며칠 지나면 또 궁금하니 책을 잡겠죠? 마지막으로 제갈량이 죽을 때 책을 던진다고 합니다. 여기에 오면 이야기는 거의 마무리가 됩니다.

마지막 여섯 번째 단락은 105회부터 120회까지로, 진晉나라가 등장하면서 삼국을 통일하는 이야기가 나옵니다. 이 시기에도 흥미로운 이야기가 많습니다. 위나라 내부에서 일어난 사마의의 고평릉 쿠데타라든지, 촉이 멸망하는 과정 중 종회와 등애의 활약이라든지 제법 극적인 장면들이 있습니다. 그러나 소설은 이 내용을 매우 빠르고 간략하게 다루면서 진나라가 통일하는 것으로 마무리 짓습니다.

소설로 보나 역사로 보나 유비는 아주 약했습니다. 형주 지방을 얻을 때까지 근거지를 갖고 있지 못했죠. 오나라도 지도상으로는 넓게 보이지만 대부분이 미개척지였습니다. 인구는 희소하고 생산력은 적은 지역을 차지하고 있었던 거죠.

우리가 알고 있는 중원은 오늘날의 시안, 난징, 베이징을 잇는 삼각형 지역을 가리킵니다. 이 모두를 위나라가 가지고 있었습니다.《삼국지》역사서에 당시 호구수와 인구수가 다 기록되어 있습니다. 인구수만 보면 위와 동오와 서촉이 5대 2대 1이었습니다. 병력 수도 비슷합니다. 쉽게 말해서 삼국의 국력은 위와 동오와 서촉이 5대 2대 1이라고 볼 수 있습니다. 촉의 1과 오의 2을 합쳐도 3밖에 안 되니 조조를 막아낼 수가 없었습니다.

그런데 왜 조조와 그의 아들 조비, 손자 조예가 삼국을 통일하지 못했을까요? 위가 촉을 멸망시키기는 했지만 사마의의 손자 사마염司馬炎이 진晉나라를 세웁니다. 그 진나라가 위나라를 멸망시키고 동오까지 흡수해서 천하를 통일하게 되는 거죠.

당시에 위나라가 삼국을 통일하지 못한 것은 지형적인 장애를 극복하지 못했기 때문입니다. 지금이야 지형이 그렇게 큰 장애가 되지 않습니다만, 당시에는 양자강과 시안 남쪽에 길게 놓인 친링 산맥(秦嶺山脈, 진령산맥)이 병력을 파견하고 전투를 벌이기 힘든 장애물 역할을 했습니다. 지금부터 1800년 전의 기술력으로는 이들 자연적인 지형지물이 큰 장애로 작용했고, 그래서 삼국은 일정 기간 정족지세鼎足之勢를 이루었습니다.

🌸 《삼국지》에 대한 엇갈린 평가

이제 《삼국지》에 대한 엇갈린 평가를 말씀드려야 할 것 같습니다. 《삼국지》는 동아시아 최고의 콘텐츠로 대중의 사랑을 받아온 동시에, 한편으로는 국내외를 불문하고 '술수와 음모가 가득한 책'이라는 비판도 받아왔습니다. 대표적으로 중국의 문화비평가 류짜이푸劉再復는 《쌍전비판雙典批判》이란 책을 2010년에 펴내면서 《삼국지》를 권모술수를 숭배하는 '악서'로 규정했습니다. 이 책은 우리나라에서도 《쌍전》이란 제목으로 번역이 돼서 유통되고 있습니다. 쌍전이란 2개의 경전이라는 뜻인데요, 여기서는 《수호전》과 《삼국지》를 가리킵니다. 류짜이푸는 《수호전》과 《삼국지》는 '사람을 죽이는 책'이라고 했습니다. 그 안에 살육이 얼마나 많습니까? 대신 《홍루몽》을 적극적으로 옹호했습니다.

명대 말기의 김성탄金聖嘆은 "젊어서는 수호전을 보지 말고, 늙어서는 삼국지를 보지 말라少不看水滸, 老不看三國"고 했습니다. 이 말을 뒤집으면 늙어서는 《수호전》을 보고 젊어서는 《삼국지》를 탐독하란 말이 될 수도 있습니다. 단순한 말이 아니라 여러 가지 의미가 들어 있습니다. 조선에서는 선조와 기대승이 《삼국지》를 두고 논쟁한 적이 있습니다. 기대승은 이 책이 탄망하고 터무니없기 때문에 임금이나 백성이 가까이 해서는 안 된다고 주장했습니다.

현대에 와서도 종종 《삼국지》에 대해 비판하는 목소리를 들을 수 있습니다. 그런데도 왜 《삼국지》는 여전히 사랑을 받고 게임처럼 여러 장르로 확대되는 걸까요? 사실 《삼국지》에는 음모와 배반의 내용만 있는 것은 아닙니다. 그에 대응하여 인의와 충정을 강조하는 부분도 많습니다. 오히려 자세히 보면 음모와 배반을 경계하고, 자잘한 술수를 비판하고 있습니다. 때문에 위의 비판에는 전적으로 동의할 수 없습니다. 이와 같은 내용 말고도 또 동의할 수 없는 중요한 이유가 있습니다. 만약 《삼국지》의 계책과 전략이 권모술수라면 바로 그 권모술수로 점철된 《삼국지》의 현실이 오늘날의 한국을 잘 말해 주고 있다는 사실입니다.

《삼국지》가 권모술수로 점철됐다면, 권모술수가 판치게끔 만드는 요소가 현실 속에 존재한다고 봐야 하지 않을까요? 1,800년 전의 사건을 600년 전에 나관중羅貫中이 소설로 엮었는데, 그때 나관중이 봤던 시대와 지금이 얼마나 다를까요? 이 책을 지금 우리가 탐독하고 있다면, 그렇게 만드는 이유가 있지 않을까요?

만약 세상이 좀 더 공정하고, 권모술수가 힘을 발휘하지 못할 정도로 사회 절차가 투명하다면 이 책을 굳이 읽을 필요가 있을까요? 만약 그런 세상이라면《삼국지》는 게임과 드라마 속으로 나오지 못하고 저 도서관의 먼지 속에 갇혀 있을 겁니다. 회사원들이《삼국지》를 많이 찾는다면 불공정해지는 조직사회 속에서 인간관계를 읽어내려는 사람들이 많다고 해야 할 것입니다. 여성의 사회진출이 늘어나면서《삼국지》독자로 합류하는 것도 같은 이유 때문입니다. 다시 말해 우리가 지금 살아가는 현실이《삼국지》소설 속과 마찬가지로 치열하고 모략이 많고 무모함이 난무한다는 뜻이고, 그래서《삼국지》를 더 열심히 읽게 됐다고 해석해야 할 것입니다.

🐾 난세를 살아가는 세 가지 대응방식

이제 본론으로 들어가지요.《삼국지》의 여러 상황을 통해서 난세를 살아가는 세 가지 대응방식을 생각해 보려고 합니다. 각각의 대응방식마다 두 가지 예를 들어 모두 여섯 가지 대목을 제시하겠습니다.

난세를 살아가는 첫 번째 대응방식은 '무방비'입니다. 무방비는 독자가 계책을 당하는 사람의 입장에서 상황을 겪는 방식입니다. 먼저 조조와 관련된 두 가지 대목인데요, 식량 담당관 왕후王垕의 '목 빌리기'와 조조의 '몽중살인'을 예로 들겠습니다. 두 번째 대응방식은 '수비'입니다. 수비는 상대방의 공격을 명확하게 알고 대책을 마련하는 것이죠? 이 부분에서는 관우의 '단도회'와 제갈량의 '공성계'를 예로 들겠습니다. 세 번째 대응방식은 '역공'입니다. 역공은 상대방의 지략을 역으로 이용해 적극적으로 대응하는 것이죠. 주유가 시행한 '군영회'와 제갈량이 펼친 '동오초진'을 예로 들겠습니다.

• 무방비: 목 빌리기와 몽중살인

첫 번째 대응방식인 '무방비'부터 이야기해 보겠습니다. 먼저 '목 빌리기'입니다. 한자로 '차용인두借用人頭'라고 합니다. 먼저 내용을 이야기해 보죠. 조조가 원술과 싸우고 있을 때 식량이 부족한 상황에 놓이자 조조가 식량 담당관 왕후를 부릅니다. 왕후는 지금 대로라면 배식량을 반으로 줄여도 사흘밖에 못 간다고 대답합니다. 조조는 왕후에게 배식량을 절반으로 줄이라고 지시합니다. 군대에서 배식량이 반으로 줄어든다면 여러분 어떻겠습니까. 먹는 문제는 직접적이고 본질적인 문제라 당장 불만이 일어나겠죠. 병사들이 소란을 일으키자 왕후가 달려와 보고합니다.

이에 조조는 군심을 가라앉히기 위해 "너의 목을 빌리고 싶다"고 말합니다. 왕후는 깜짝 놀라죠. 처자식의 안위는 조조가 책임지겠다는 말은 환청같이 들립니다. 자신이 이미 함정에 빠졌지만 항변할 여유도 없이 성난 병사들 앞에 나가 횡령죄로 처형당합니다. 이로써 조조는 병사들의 원망을 잠재우고 배식량을 절반으로 줄일 수 있었습니다. 이러한 기세를 몰아 사흘 안에 수춘성을 무너뜨리지 않으면 모든 병사의 목을 치겠다고 엄포를 놓죠. 결국 수춘성을 함락하는 데 성공합니다.

지휘관의 능력 중에 공격을 잘하는 것도 중요하지만 후퇴를 어떻게 하느냐도 매우 중요합니다. 동서양이 마찬가지입니다. 후퇴작전이 매우 중요한 전술로 취급됩니다. 저도 군대 있을 때 인사처에서 근무하며 군사전술 관련 서적을 살펴본 적이 있는데, 거기서도 후퇴를 비중 있게 다루고 있었습니다. 이 관점에서 보면 조조는 매우 뛰어납니다. 눈앞의 불만뿐만 아니라 이후의 불만까지도 관리하는 계책이었기 때문입니다.

하지만 왕후 입장에서 보면 어떨까요? 만약 우리가 왕후의 입장이라면 이 상황은 어처구니없지 않겠습니까? 대규모 군대를 이끌고 있는 조조의 편에서 본다면 대를 위해 소를 희생할 수밖에 없었다고 변명할 수 있습니다. 어떻게 해서든 난세를 종식하고 북방을 먼저 통일했으니 능력 있는 사람임에는 틀림이 없는데, 그 속에는 이와 같은 무수한 계책과 계책으로 희생된 사람들이 있었습니다.

그러나 상황이 긴박하다고 해서 조조의 처사를 정당화할 수 있을까요? 이 점이야말로 우리가 생각해 볼 부분입니다. 소설은 마침 유사한 상황에 놓인 유비와 서로 호응시킵니다. 유비가 양양에서 조인의 대군에 밀려 후퇴할 때 양양성의 10만 백성이 함께 따르면서 속도를 늦춥니다. 제갈량이 먼저 후퇴하자고 건의했지만 유비는 백성을 버리고 먼저 갈 수 없다고 했습니다. 조조의 방식과 비교되는 대목입니다.

또 하나 조조와 관련된 이야기로 '몽중살인夢中殺人'이 있습니다. 한중 쟁탈전이 한창일 때 일어난 일입니다. 계륵鷄肋이란 고사가 나온 전투로도 유명하죠? 조조는 의심이 많았습니다. 누군가 자기를 해치지 않을까 늘 두려워했습니다. 어느 날 야전 천막을 지키는 병사가 새로 왔습니다. 조조는 그들을 불러 "나는 꿈을 꾸면서 사람을 죽이니 내가 잠들었을 때 절대로 가까이 오지 말라"고 이릅니다.

조조가 낮잠을 잘 때 덮고 있던 이불이 바닥에 떨어집니다. 새로 온 병사가 조조의 말을 시험해 보려고, 시종에게 조조가 덮고 있는 이불이 떨어졌다고 알려줍니다. 시종이 이불을 집어서 조조를 덮어 주려는데 조조가 벌떡 일어나더니 칼을 뽑아서 그 시종을 죽이고 다시 침상에 올라가서 잠이 듭니다. 나중에 잠이 깬 조조는 짐짓 놀라는 척하며 "누가 이 시종을 죽였느냐?"고 묻지요. 사람들이 정황을 알려주니까 조조는 통곡을 하면서 그 시종을 후하게 장사 지내주라고 명합니다. 이 일이 사람들 사이에 퍼지면서 실제 조조는 꿈을 꾸면서 사람을 죽이는 습관이 있는 것으로 알려집니다.

조조가 자객으로부터 목숨을 보호하기 위해 썼던 이 계책은 이유가 있습니다. 군중에서는 수많은 변란이 쉽게 일어날 수 있습니다. 당시

157

여포도 부하에게 묶여 서주성이 함락되었고, 장비도 부하에게 살해당했습니다. 조조의 몽중살인은 외부의 자객은 물론 혹여 있을지 모를 내부의 적에 대해서도 방비 효과가 있었을 것입니다.

'차용인두'와 '몽중살인'이 혹시 지어낸 이야기가 아니냐고 물을 수 있습니다. 차용인두, 즉 목 빌리기는 《삼국지 정사》〈무제기武帝紀〉에 나오는 이야기입니다. 몽중살인은 《세설신어世說新語》에 있습니다. 소설은 그것을 약간 각색한 것입니다. 왕후는 억울하게 죽었고 시종은 자기가 왜 죽는지 그 이유를 모른 채 죽었습니다.

소설에는 뒷부분에 한 장면을 더 첨가합니다. 이 사건을 전해 들은 사람들은 조조가 과연 꿈속에서 살인하는 사람이라고 생각하게 됐습니다만, 오직 양수楊脩만이 그 뜻을 알고 이렇게 탄식했다고 합니다.

"승상이 몽중에 있었던 것이 아니라, 그대가 바로 몽중에 있었을 뿐인 것을丞相非在夢中, 君乃在夢中耳!"

조조는 자지 않았습니다. 인간의 속성과 현실을 모르고 있다는 점에서 시종이야말로 꿈속에 있었다는 말입니다. 현실에선 조조와 같이 계책만 연구하는 사람이 있습니다. 우리의 삶이 계책을 쓰는 자와 같이 살아가는 것이라면, 그것을 모른다면 곧 꿈속에 있는 것과 같습니다. 《삼국지》를 읽어야 하는 이유 가운데 하나는 '잠들지 않기 위해서'입니다.

물론 가족이나 친구 사이처럼 인정으로 맺어지는 사회에서는 이런 일이 웬만해선 일어나지 않을 겁니다. 그러나 인정이 아닌 계약으로 이루어진 사회에서는 충분히 일어날 수 있는 일입니다. 차용인두와 몽중살인을 읽으면서 우리가 현실에서 무엇을 봐야 할지, 또 무엇을 준비해야 할지를 고민해야 합니다.

• 수비: 단도회와 공성계

난세를 살아가는 두 번째 대응방식은 '수비'입니다. 앞서 왕후와 시종이 어려운 상황에 방비를 하지 않고 맨몸으로 부딪힌 경우를 살펴봤습니다. 둘 다 목숨을 잃었죠. 이제 명확하게 사태를 인지하고 적극적으로 반응한 경우를 살펴보겠습니다. 저는 이런 태도를 '수비'라고 부르고 싶습니다. 두 가지 대목을 소개해 드리겠습니다.

첫 번째는 관우의 '단도회單刀會'입니다. 여기서 '회'는 동사로 쓰였습니다. 뜻을 더 분명하게 하기 위해서 나아갈 부赴 자를 써서 '단도부회'라고도 합니다. 번역하면 '칼을 하나 들고 모임에 가다'는 뜻입니다. 적벽대전 후 형주의 일부를 빌려간 유비가 몇 년간의 노력 끝에 익주를 차지하는 데 성공하자 손권은 다른 생각을 하게 됩니다. 아무래도 근거지를 마련한 유비를 경계하게 되겠죠? 그래서 형주 땅을 돌려달라고 요구합니다. 유비는 당연히 못 준다고 하겠죠? 조조에 맞서 동맹을 맺었던 손권과 유비가 이제는 대립하는 긴장된 국면이 펼쳐지게 되었습니다.

손권은 형주를 지키는 관우를 공략하기 위해 노숙을 보냅니다. 노숙은 적벽 근처인 육구陸口에서 회담으로 결판을 내자고 관우를 불러

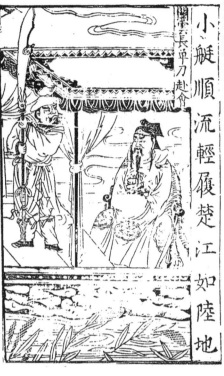

칼 한 자루를 들고 육구로 가는 관우

냅니다. 동오는 군사력을 갖고 있었는 데 반해 관우가 지키고 있던 형주는 주력군이 다 빠져나간 상태였습니다. 힘으로 맞붙어서 이길 수 있는 상황이 아닙니다. 노숙은 관우가 오지 않으면 이를 빌미로 형주를 공격하고, 오면 관우를 죽일 심산이었습니다. 이를 눈치 챈 관우의 부장들이 관우에게 회담장에 가선 안 된다고 말립니다. 그러나 관우는 배를 타고 강을 건너 육구 회담장으로 갑니다.

관우는 청룡언월도 하나 들고 시종으로 양아들 주창을 데리고 갔습니다. 노숙은 자기 뒤에 칼과 도끼를 쓰는 도부수刀斧手들을 숨겨 뒀습니다. 관우가 말을 안 들으면 죽이거나 전쟁을 일으킬 계획이었습니다. 양측 병사들은 회담장에서 각각 100보씩 떨어지고, 당사자인 관우와 노숙은 칼 한 자루만 들고 협상 테이블에 앉았습니다. 그래서 '단도회'라는 이름이 붙은 겁니다.

관우는 수비하는 입장이었습니다. 그러나 이 모든 상황을 간파하고 묘책을 씁니다. 양측이 어느 정도 회담과 관련한 입장을 표명하고 나자 곧바로 노숙을 잡고 배까지 끌고 간 것이죠. 관우는 한 손에는 청룡언월도를 쥐고 다른 한 손에는 노숙의 손목을 쥐고 그를 자기 배까지 끌고 왔습니다. 그리고선 배에 올라탈 때 비로소 노숙의 손목을 놓아줍니다. 동오 측에서 뒤따라온 여몽과 감녕이 도부수들을 데려왔지만 노숙이 다칠까 봐 움직이지 못하죠. 회담은 회담대로 끝냈기에, 관우는 상대방에게 책잡힐 일도 없이 위기에서 벗어났습니다.

단도회는 원나라 때 이미 극본으로 만들어졌습니다. 관한경關漢卿이라는 뛰어난 극작가가 쓴 〈단도회〉가 전해지고 있습니다. 그 이후로 소설 속에 들어간 것이죠. 단도회는 또 그림의 소재로 인기가 많았습니다. 앞서 소개해 드린 1591년 판 《삼국지》에도 삽화로 표현돼 있습니다. 경극으로도 만들어졌습니다. 중국의 현대 화가들도 단도회를 테마로 한 작품을 많이 창작하고 있습니다. 그만큼 깊은 인상을 남겼다는 뜻이겠죠.

적지에 혼자 간다는 것은 죽으러 가는 것과 마찬가지입니다. 그러나 단도회 이야기는 죽을 것 같은 구덩이라도 지략과 용기를 가지면 빠져나올 수 있다는 교훈을 보여 줍니다. 사실 관우가 단도회에서 이긴 것은 아닙니다. 노숙의 계책을 미리 읽고 막아낸 것이죠. 우리도 살아가면서 아무도 도와주지 않는 상황에서 혼자 사지에 들어갈 때가 있을 수 있습니다. 그럴 때면 관우가 지혜와 용기를 발휘해서 어려운 상황을 이겨낸 단도회를 기억할 필요가 있습니다.

또 하나의 수비는 '공성계空城計'입니다. 《삼국지》에서 매우 유명한 대목이죠. 공성계는 말 그대로 '빈 성의 계책'입니다. 우리들이 잘 알고 있는 《삼국지》의 영웅들이 대부분 죽고 제갈량 혼자 촉을 지키던 때, 제갈량은 여섯 번 기산을 나가 위나라를 공격합니다. 처음에는 순조롭게 4군을 얻지만 가정 전투에서 마속이 패배하여 후퇴해야 했습니다.

공성계는 후퇴하는 도중 서현이란 곳에서 일어난 일입니다. 사마의司馬懿에게는 영특한 두 아들이 있었습니다. 사마사司馬師와 사마소司馬

^昭였죠. 이때 두 아들은 익주를 치기 위해 중간 거점인 양평관으로 가는 게 좋겠다는 의견을 냅니다. 그러나 사마의는 군량이 있는 곳을 쳐야 한다며 서현으로 방향을 틀었죠. 사마의에게는 15만 명에 달하는 병력이 있었습니다. 그러나 서현에 있는 제갈량에게는 군사가 5천 명밖에 없었습니다. 그중에 2,500명은 군량을 조달하러 성밖에 나가 있었고, 성안에 2,500명만 남아 있었습니다. 산중에 있는 성에서 갑자기 사마의의 대군을 맞아 세운 계책이 바로 공성계입니다.

〈삼국지〉 드라마에서도 이 장면을 극적으로 묘사합니다. 서현으로 15만 명이 쳐들어온다는 첩보를 듣는 순간 제갈량을 보좌하던 식량 담당관이 놀라서 양식 장부를 땅에 떨어트리는 장면이 나옵니다. 얼마나 놀랐으면 손에 쥐고 있던 장부를 떨어트렸을까요? 아니나 다를까 성루에 올라가 보니 사마의 부대가 멀리서 먼지를 일으키며 몰려오고 있었습니다. 정말 공포스러운 순간이죠. 갑작스런 상황에 제갈량도 여러 계책을 떠올려 보지만 마땅한 게 없었습니다. 그러다 부채를 떨어트리는데 하필 거문고 줄에 맞고 소리를 냅니다. 그 소리에 문득 아이디어가 떠오르죠. 거문고를 가지고 뭐라도 해보자 싶었을 겁니다.

드라마에 나오는 서현 성루에 '서성_{西城}'이라는 현판이 있습니다. 제 이름이 사람 이름뿐만 아니라 지명으로도 나옵니다. 사마의가 서성에 도착했을 때 일반적인 전투상황과 너무 달라서 당황합니다. 보통은 기세 좋게 깃발을 올리고 북 치고 난리법석을 피우는데, 반대로 성문

사마의의 대군을 맞이하여 성문을 열고 거문고를 연주하는 제갈량

은 열려 있고 농부가 양을 몰고 지나가는 게 아니겠습니까? 마치 성이 비어 있는 듯 전쟁의 긴장이란 전혀 보이지 않았습니다. 그때 성루에 거문고를 앞에 둔 제갈량이 등장합니다.

정적에 감싸인 공간에서 제갈량이 거문고를 연주합니다. 두 아들을 대동한 사마의는 제갈량의 거문고 연주를 감상합니다. 사마의는 아들을 돌아보면서 "산속의 작고 맑은 냇물 소리 같다"고 말합니다. 연주가 끝나고 사마의는 군대를 데리고 후퇴합니다. 평소 제갈량이 모험을 하지 않는다는 사실을 상기한 사마의는 혹시 복병이 있을까 싶어 물러선 것이지요. 일종의 허장성세입니다.

공성계는 열세일 때 쓰는 계책이며, 역사 속에 전례가 없는 것도 아닙니다. 《좌전左傳》에 보면 초나라 문왕의 동생 자원子元이란 사람이 있는데, 형수를 무척 좋아해서 형 문왕이 죽기만을 기다렸다고 합니다. 마침내 형이 죽고 형수에게 프러포즈를 했는데 형수는 소 닭 보듯 하는 거죠. 자원은 혹시 공을 많이 세우면 형수의 마음을 얻을까 싶어서 전쟁을 일으킵니다. 연전연승을 하며 북쪽으로 군사를 이끌고 가다가 정鄭나라의 도성에 다다릅니다. 정나라에는 숙첨叔詹이란 사람이 있어서 공성계를 펼치죠. 자원은 매복이 있는 것으로 생각하고 며칠간 고민하다가 후퇴합니다. 그동안 전승한 업적이 있어 돌아갈 명분도 있고 정나라 군대가 매복했을 것 같은 불안도 있었기 때문입니다.

현대 사회에서도 공성계가 없지 않습니다. 어쩌면 북한이 벌이는 외교전략이 공성계일지도 모릅니다. 한창 냉전이 치열할 때 소련과 미국이 엄청난 첩보전을 벌이지 않았습니까? 그런데 냉전이 끝나고 살펴보니 소련의 전력이란 게 별 게 없더라는 거죠. 일종의 포커페이스였습니다. 공성계는 이처럼 외교전에서 특히 많이 사용되는 계책입니다.

공성계도 워낙 유명하다 보니 그림으로 많이 제작됐습니다. 성루에서 제갈량이 거문고를 타고 아래에서 사마의와 두 아들이 버티고 있는 그림이 대다수입니다. 성 주변에 빗질하는 사람도 자주 등장합니다. 공성계가 먹혀서 사마의 군대가 돌아가는 그림도 있습니다. 목조 조각도 있고 접시 그림도 있습니다.

여러 매체에서도 공성계를 다뤘습니다. 아동용 도서는 기본이고, 우표로도 제작됐습니다. 1990년대 30여 장의 삼국지 우표가 수년에 걸쳐서 발행된 적이 있는데, 그때 공성계 그림도 포함됐습니다. 일본 사람이 그린 그림에는 사마의가 성루를 바라보는 방향으로 그려져 있습니다. 물론 경극도 있습니다. 사마의가 흰 얼굴로 등장하는데, 흰색은 간사함을 뜻합니다. 마당을 쓰는 사람은 일반인으로 분장한 촉군입니다. 현대 화가가 그린 공성계도 있습니다. 그만큼 공성계가 재미있다는 뜻입니다. 비록 약자지만 뛰어난 지략으로 강자의 공격을 막아내고, 또 어떤 경우엔 이길 수도 있다는 희망을 주기 때문일 것입니다.

이처럼 관우의 단도회와 제갈량의 공성계는 수비의 상황에 놓여 있는 사람이 지혜롭게 위기를 넘겨 자신을 보호한 사례들입니다. 두 가지 다 상대 공격에 지략을 활용해서 위기를 벗어난 경우입니다.

• 역공: 군영회와 동오초친

세 번째 대응방식은 '역공'입니다. 주유의 '군영회群英會'와 유비의 '동오초친東吳招親' 두 가지 대목을 말씀드리겠습니다. 군영회는 주유가 펼친 계책입니다. 주유는 동오의 천재적인 군사전략가였죠. 삼국시대의 유명한 미인 중에 대교大喬와 소교小喬가 있습니다. 당시 저명인사였던 교국로喬國老의 두 딸인데 중원이 난리가 나자 동오의 양주로 피난을 갑니다. 동오에서 두 딸은 시집을 가게 됩니다. 큰 딸 대교가 손책孫策에게 시집을 가고, 작은 딸 소교가 주유周瑜에게 시집을 갑니다. 주유는 혼맥에서도 동오의 중심에 있었고, 그 자신도 뛰어난 무장이었습니다.

주유는 음악에도 뛰어났습니다. 영화 〈적벽대전〉 1편을 보면 제갈량이 오나라와 동맹을 맺기 위해 구강九江에 회담을 하러 갔을 때 주유와 서로 거문고 연주를 들려주는 장면이 나옵니다. 또 주유 역을 맡은 량자오웨이(梁朝偉, 양조위)가 훈련 중에 꼬마가 피리 부는 것을 보고 피리 구멍을 파서 음을 조정해 주는 장면도 나옵니다. 역사서에서도 주유는 뛰어난 1급 음악가로 묘사됩니다. 당시 동오에는 "거문고를 잘 못 타면 주유가 뒤돌아 본다誤拂絃 周郞顧"는 속담이 있을 정도였습니다.

적벽대전이 208년 11월에 일어나는데요, 화공이 일어나기 전에 양

군영회에서 검무를 추는 주유

쪽이 강을 오가면서 지략전을 펼칩니다. 상대방의 전력을 약화시키려는 목적인데, 그중에 하나가 군영회 대목입니다. 초기에는 수군이 약한 조조가 불리했습니다. 그런데 수군 지휘 경험이 있는 채모蔡瑁와 장윤張允을 데려오고부터 조조의 수군이 자리를 잡게 됩니다. 주유는 조조의 수군을 무시하다가 의외로 뛰어난 것을 보고 두 장수를 제거할 방법을 생각합니다. 강을 사이에 두고 두 군대가 교착 상태에 있을 때, 조조 밑에 장간蔣幹이란 참모가 강을 건너가 항복하라고 주유를 설득하고 오겠다고 나섰습니다. 장간은 주유와 동문수학한 사람으로 조조 밑에 들어가 주유와 맞서게 된 것이죠. 조조는 장간의 계책을 허락합니다.

주유도 고민을 했겠죠? 이런 민감한 시기에 장간이 왜 찾아올까? 그러다가 무릎을 탁 치면서 계책을 떠올립니다. 주유는 장간을 환영하기 위해 '군영회'라는 연회를 벌입니다. 군영회는 영웅들의 모임이란 뜻입니다. 주유는 오랜만에 만났으니 정치 이야기는 하지 말고 옛날 이야기만 하자며 검무를 추고, 군사시설과 무기와 장비들을 보여줬습니다. 그리고선 술에 취한 주유는 자신의 인맥과 혼맥을 자랑했습니다. 동오에 뛰어난 장수들이 즐비하지만 겨우 34세에 연합군 총지휘자가 된 자기를 자랑스러워 했습니다. 게다가 절세미녀 소교가 부인인데다 손권과도 인척관계이니 부러울 게 없었습니다. "천하에 소진과 장의 같은 유세객遊說客이 와도 항복을 권하지 못하리라"라고 소리칩니다. 주유가 이렇게 나오자 장간은 항복을 권하는 말 한 마디

조차 꺼낼 수가 없었습니다.

 연회가 파하고 야전 막사에서 주유가 술에 취해 곯아떨어졌을 때도 장간은 잠을 이루지 못합니다. 조조에게 돌아가 보고할 내용이 하나도 없게 됐으니까요. 장간은 책상 위에 편지 뭉치가 있는 것을 보고 무심코 펼쳐봅니다. 그런데 거기에 조조군의 채모와 장윤이 주유와 밀통하는 내용이 들어 있었습니다. 아무 성과 없이 돌아가게 생겼는데 이 편지를 발견하게 되니 눈이 번쩍 뜨였겠죠? 장간은 편지를 소매주머니 안에 넣습니다.

 이를 '장간도서蔣幹盜書'라고 합니다. '편지를 훔치는 장간'이죠. 이 대목이 이렇게만 끝난다면 장간이 이 편지가 가짜일 수 있다는 의심을 할 수도 있겠죠. 그래서 삽화가 추가됩니다. 장간이 편지를 막 훔쳤을 때 밖에서 나지막하지만 급한 목소리로 주유를 불러내는 사람이 있었습니다. 장간은 자는 척했죠. 주유가 막사 밖에 나가서는 찾아온 사람과 들릴 듯 말 듯한 소리로 말하는 중에, 찾아온 사람이 "채모와 장윤이 잠깐만 기다리라고 합니다"라고 하였지요. 이를 몰래 엿들은 장간은 큰 건수를 잡았다며 더 믿게 되겠죠? 가짜 편지라는 생각은 전혀 못하게 됩니다.

 채모와 장윤이 주유와 밀통한다는 걸 철석같이 믿게 된 장간은 조조에게 가서 편지를 내놓습니다. 화가 머리끝까지 난 조조는 당장 채모와 장윤을 불러들여서 한마디 변명할 기회도 주지 않고 목을 베어버립니다. 두 장수가 한순간에 사라짐으로써 조조의 수군은 치명타를 입게 됩니다.

군영회 이야기의 초점은 장간이 가지고 온 계책을 옛 친구 주유가 역이용한 것입니다. 이것을 '반간계反間計'라고 합니다. 앞서 대응방식으로 무방비와 수비를 말씀드렸는데요, 그 다음이 역공입니다. 승부를 낼 수밖에 없을 때 상대방의 의도를 무력화할 뿐만 아니라 역으로 타격까지 입히는 것이 바로 반간계입니다.

다음 에피소드는 '동오초친'입니다. 이 대목도 길고 유명한 이야기입니다. 적벽대전을 계기로 동오와 유비가 결합했습니다. 겉으로는 결합이지만 속으로는 경쟁하는 사이였죠? 동오에선 어떡해서든 유비를 제거하고 형주 땅을 온전히 차지하고 싶어 했습니다. 손권과 주유가 모의를 해서 계책을 내놓습니다. 손권의 누이동생을 유비에게 시집 보내겠다고 속여 유비를 동오로 오게 한 다음, 그를 인질로 잡고 형주와 교환하려는 계책이었습니다. 만약 말을 안 들으면 유비를 죽이려고 했습니다.

제갈량이 여러모로 생각하다 이 제안을 거꾸로 이용하기로 합니다. 유비와 함께 조자룡을 보내면서 금낭金囊, 즉 비단 주머니 3개를 주고 어려운 일이 생길 때마다 하나씩 꺼내 보라고 하죠. 그래서 이 대목을 '금낭지계金囊之計' 또는 '금낭묘계錦囊妙計'라고도 부릅니다. 유비는 다른 사람보다 먼저 동오의 원로인 교국로를 만납니다. 어른들 눈에 유비의 풍모가 썩 마음에 들었습니다. 교국로는 손권의 모친인 오국태吳國太를 설득해 감로사甘露寺에서 손권의 누이동생과 유비가 선을 보게

동오에 가서 손부인과 혼례를 올리는 유비

하죠.

손권과 주유가 세운 원래 계책에는 유비가 원로들을 만날 것이라는 시나리오가 없었습니다. 동오에 도착하는 대로 바로 납치해서 감금하려고 한 것입니다. 그런데 제갈량의 계책에 따라 동오에 소문이 나기 시작했습니다. 제갈량은 심지어 결혼 예물을 동오의 어디 가서 사라고 세세하게 이르면서 동오 전체에 소문이 나게 만들어 버립니다. 교국로와 오국태가 유비를 만나 마음에 들어 하니까 실제로 결혼까지 하게 돼버린 것이죠.

이 내용은 동오에서 쓴 계책을 소재로 해서 혼인담으로 재미있게 푼 것입니다. 계책이란 관점에서 소설의 내용을 분석하면 앞에 설명한 군영회와 유사합니다. 상대방의 계책을 역이용한다고 해서 '장계취계將計就計'라고 합니다. 계책을 계책으로 맞선다는 뜻입니다. 서로 대립하는 상황에서 상대방의 계책을 격파할 뿐만 아니라 오히려 그것을 역이용해서 이길 수 있다면 얼마나 통쾌할까요? 《삼국지》에는 이와 유사한 이야기가 많이 있습니다. 동오초친 이야기는 '농가성진弄假成眞'이라고도 하죠. 처음에는 농담이었는데 나중에는 진짜가 되어버린다는 뜻입니다.

🎇 작은 그물, 큰 그물

세 가지 대응방식과 여섯 가지 이야기를 말씀드렸습니다. 여기에 보충해서 몇 가지 더 말씀드리고 싶은 게 있습니다. 범강과 장달 이야

잠자는 장비를 찌르는 범강과 장달

기를 잘 아실 겁니다. 관우가 죽고 유비가 그 원수를 갚으려고 촉 군대를 이끌고 오나라를 치러 내려갈 때, 장비가 군사들을 워낙 닦달하니까 범강과 장달이 견디지 못하고 장비를 죽인 뒤, 그 목을 동오에 바치는 일이 발생합니다.

동오 입장에선 참 곤란했겠죠? 만약 이들을 받아주고 상을 내리면 동오가 시켜서 장비를 죽인 꼴이 됩니다. 그래서 손권은 오히려 범강과 장달의 목을 잘라 촉으로 돌려보냅니다. 장비가 죽은 것은 동오 책임이 아니다, 동오는 죄가 없다는 뜻이죠. 범강과 장달은 장비의 목을 가져가면 상을 받을 거라고 생각했지만, 실제로는 벌을 받았습니다. 두 사람 모두 눈앞의 현실은 알았지만 그 다음은 몰랐던 것이죠.

'싸움에서 이기더라도 승부에서는 진다'는 말이 있습니다. 당장은 이긴 것 같아도 크게 보면 지는 게임을 우리도 수없이 목격하지 않습니까? 예를 들어 부하가 상관에게 주장하는 경우가 있습니다. 객관적으로는 부하의 주장이 옳아도 그게 상관의 심기를 건드릴 수가 있죠. 이것이 가장 흔히 드러나는 것은 시어머니와 며느리 사이입니다. 시비를 가리기는커녕 오히려 상황만 악화하는 경우가 얼마나 많습니까? 이처럼 동양에서는 집안이나 사회의 발전이 구조적으로 윗사람에게 달려 있습니다.

살다 보면 우리 눈에는 잘 안 보이지만 좀 더 큰 테두리, 좀 더 큰 범위가 있는 것 같습니다. 저는 그것을 '작은 그물, 큰 그물'이라고 표현하고 싶습니다. 작은 그물에 걸리는 것과 큰 그물에 걸리는 것은 다릅니다. 작은 그물에 걸렸다고 해서 무조건 잘못된 것이라고 보기 어려운 것이죠. 큰 그물이라는 관점에서 보면 괜찮은 것일 수도 있습니다. 범강과 장달은 작은 그물만 보고 행동한 사람들이었습니다.

위나라에서도 비슷한 일이 있었습니다. 사마소의 호위무사 성제成濟가 사마소를 지키려고 황제를 찔러 죽인 일입니다. 위나라 말기에 황제 자리는 조씨가 차지하고 있었지만, 실권은 사마씨가 쥐고 있었죠. 황제 조모曹髦는 21세에 즉위했습니다. 젊은 혈기가 하늘을 찌를 때입니다. 사마소가 권력을 농단하는 모습을 차마 봐줄 수가 없어서 근위병 수백 명만 이끌고 사마소에게 쳐들어갔습니다. 그러나 손 한번 제대로 못 써보고 성제에게 죽임을 당합니다.

사마소는 성제 덕분에 목숨을 부지할 수 있었습니다. 그러나 상황을 그대로 두면 자기가 황제를 시해하고 정권을 찬탈한 역적이 됩니다. 여론이 악화하면 자기가 이미 가지고 있던 권력도 위태로워지겠죠. 그래서 모든 죄를 자기를 지켜준 호위무사 성제에게 뒤집어씌웁니다. 그를 죽이고 심지어 삼족을 멸합니다.

성제도 마찬가지였습니다. 당장은 자기 상관인 사마소의 은혜를 갚기 위해 황제를 죽였지만, 그 다음이 어떻게 될 것인지는 생각하지 못했습니다. 만약 성제가 더 큰 그물을 볼 줄 알았다면, 그 상황에서 어떻게 행동했을까요?

원소의 아들 이야기도 비슷합니다. 원소에게 세 아들이 있었죠. 원담袁譚과 원희袁熙, 원상袁尙입니다. 장남 원담은 조조에게 투항합니다.

아버지 원소가 후계자로 막내를 생각하고 있다는 사실을 알았기 때문입니다. 나머지 두 형제 원상과 원희는 조조에 맞섭니다. 그러나 조조의 기세가 워낙 세다 보니 요동까지 도망가서 요동의 태수인 공손강公孫康에게 투항합니다. 공손강은 아버지 원소의 인맥이었습니다.

조조는 이 두 형제를 어떻게 했을까요? 원상과 원희를 쫓던 조조 군대에는 천재적인 책사 곽가郭嘉가 있었습니다. 그러나 둘을 잡기 직전에 병에 걸려 죽게 되죠. 곽가는 죽기 전에 편지를 남깁니다. "공손강을 절대 공격하지 말고 성밖에 머물러 있으라"는 내용이었습니다. 조조군은 곽가의 유지를 따랐습니다. 사실 공손강에게도 조조는 여간 부담스러운 존재가 아닙니다. 하북에서 조조와 척을 진다는 것은 생사를 건 전쟁을 각오해야 한다는 뜻이기도 했습니다. 시간이 흐르자 자연스럽게 공손강과 원소의 두 아들 간에 갈등이 증폭되기 시작했습니다. 공손강은 결국 원상과 원희의 목을 쳐서 조조에게 바칩니다.

원소의 두 아들은 순진하게 생각했을 겁니다. 아버지의 인맥이니 공손강이 도와줄 거라고 믿었을 겁니다. 그러나 난세에는 상황이 변할 수 있다는 사실은 몰랐습니다. 얼마든지 다른 카드가 있을 수 있다는 생각을 못 한 것입니다. 우리가 살아가는 인간관계에서도 작은 그물과 큰 그물이 있습니다. 그것들이 어떻게 작동하는지를 잘 보여 주는 것이 바로 《삼국지》입니다.

🌸 병불염사

소설에서 '병불염사兵不厭詐'라는 말이 종종 나옵니다. '염'은 싫어한다는 말, 싫증은 낸다는 뜻이고, '사'는 속인다, 사기를 친다는 말입니다. '병불염사'라 함은 '전쟁은 사기를 염증 내지 않는다'는 뜻입니다. 전쟁 때는 속일수록 좋다는 뜻이죠.

우리가 살아가는 현실은 어떨까요? 병불염사의 '병' 대신에 '정政'이나 '상商'이나 '법法'을 집어넣어 보아도 크게 이상하게 느껴지지 않습니다. 우리의 현실 자체가 《삼국지》 시대와 크게 다르지 않기 때문일 것입니다. 우리는 정불염사, 상불염사, 법불염사의 현실을 살고 있습니다. 물론 인정사회에서는 이 같은 속임수가 드물죠. 하지만 우리가 대부분의 시간을 보내는 계약사회에서는 수시로 일어나는 일입니다. 현실에서 판단하기 어려운 미묘한 순간이 얼마나 많습니까? 그럴수록 속임수가 벌어질 확률은 크게 높아집니다. 이런 현실을 인정하고 난세, 즉 어려움을 대비해야 하겠죠. 그래서 《삼국지》가 현실을 그대로 보여 준다는 평가를 받는 것입니다.

그런데 우리 교육은 현실을 있는 그대로 알려주는 데 소홀한 것 같습니다. 교과서를 살펴보면 미담 일색입니다. 어렸을 때 '형님 먼저, 아우 먼저'라는 이야기가 교과서에 나왔는데, 어느 날 보니까 라면 표지로 사용되고 있더군요. 고등학교 교과서에는 '형제투금兄弟投金'이라는 이야기가 나옵니다. 지금의 서울 가양동 쪽에서 배를 타고 강북으로 가던 이조년, 이억년 형제가 강바닥에 번쩍이는 것을 보고 건졌더니 금이더라는 거죠. 그래서 형제는 혹시 의가 상할까 봐 다시 강물에 던졌다고 합니다. 이런 이상적인 이야기가 많이 등장합니다.

어렸을 때는 그대로 받아들이니까 감화력이 큽니다. 그래서 무슨 이야기를 들려주느냐가 매우 중요합니다. 그런데 우리는 너무 아름다운 이야기만 들려주려는 강박이 있는 것 같습니다. 이런 미담은 물론 조선시대 때부터 많았습니다.《삼강행실도》라든지《오륜행실도》를 보면 열녀나 효자, 충신 이야기로 가득 채워져 있습니다. 오늘날 우리나라의 교과서도 그 연장이 아닌가 합니다.

사람 이야기뿐만 아니라 동물과 사람의 관계도 미담 일색입니다. '오수의 개'가 대표적이죠? 의로운 소도 있습니다. 주인이 밭일 하다가 언덕에서 자는데 불이 나니까 소가 몸을 적셔서 불이 번지지 않게 막았다든지, 호랑이가 나타나자 뿔로 받아서 자기도 죽고 호랑이도 죽였다든지 하는 내용이 있습니다. 사람과 사람은 물론이고, 동물과 사람 사이에도 신뢰와 협조를 그리고 있습니다.

물론 있을 수 있고, 또 있어야 하는 이야기입니다. 분명히 가치가 있는 관점입니다. 그러나 이런 미담만 있다는 것은 문제입니다. 현실이 그렇지 않기 때문입니다. 현실은 지극히 각박한데 교과서는 거꾸로 이상적인 모습으로만 색칠되어 있다면 이상한 대조라고밖에 말할 수 없습니다. 현실의 부정적인 측면도 긍정적인 면만큼 비슷한 비중으로 다뤄야 하지 않을까요?

초등학교 때부터 대학 졸업할 때까지 한정된 면을 보여 주고 있는

것 같습니다. 현실은 난세인데, 아니 난세보다 더 치열한
데 교과서를 보면 너무 평화로운 거죠. 학생들이 살아가
는 사회도 많은 모순이 있지 않습니까? 왕따라든지 자살이라든지 현
실적인 고민과 문제를 안고 살아갑니다. 그러나 교과서는 그런 현실을
외면합니다. 다루지 않습니다. 오히려 반대되는 내용만 가르칩니다.

중국 교과서는 미담만을 가르치지 않습니다. 중국 교과서에 '동곽
선생과 이리'라는 단원이 있습니다. 동곽 선생이 사냥꾼에게 쫓기는
이리를 숨겨줍니다. 사냥꾼이 사라진 뒤 풀어주니까 이리가 동곽선생
을 잡아먹었다는 이야기입니다. '소금장수와 이리' 이야기도 있습니
다. 소금장수가 밤길을 가는데 이리 두 마리가 쫓아와서 가지고 있던
고기를 던져줍니다. 고기가 다 떨어지니까 이리들이 공격하려고 앞뒤
로 섰습니다. 소금장수는 노적가리에 숨어 있다가 뒤로 돌아가 낫으
로 뒤에 있던 한 마리를 먼저 죽이고, 반대 방향으로 돌아가 앞에 있
는 한 마리도 죽였다는 내용입니다.

두 이야기 모두 어딜 봐도 미담이 아닙니다. 우리나라 교과서라면
상상하기 어려운 내용입니다. 이런 이야기를 교과서에 왜 실었을까
요? 거칠게 말하면 한국의 교육은 대학 졸업과 함께 남에게 부려 먹
히기 좋게 설계돼 있습니다. 교과서대로라면 한국 학생들은 사회에서
패배할 수밖에 없습니다. 처음부터 환경 설정이 잘못된 것입니다. 예
를 들어 '오수의 개'를 읽고 자란 한국 학생과 '동곽선생과 이리'를 읽
고 자란 중국 학생이 장기적으로 경쟁한다면 어떻게 될까요? 한국 교

과서는 환상을 주는 패배의 교과서라고 볼 수 있습니다.

"바보들이 세상을 바꾼다"와 같은 순진한 말이 약자들에게 위안과 진통제처럼 뿌려지고 있습니다. 생각하게 만들기보다는 반응하게 하고, 질문하게 만들기보다는 외우게 하며, 비판적으로 이해하게 만들기보다는 존경하게만 하는 교육에서 이제는 벗어나야 하지 않을까요? 최소한 이상과 현실 사이에서 균형이라도 맞출 수 있게 교육해야 하지 않을까요?

그런 의미에서 《삼국지》는 이상 중심의 편향성을 바로잡는 데 도움을 주는 책이라고 평가할 수 있습니다. 우리가 살아가는 사회가 정의롭고 공정하고 안정돼 있다면 《쌍전》에서 말하듯이 《삼국지》를 탐독할 필요가 없을 것입니다. 그러나 지금 우리가 처한 냉정한 현실을 제대로 알고 이겨내려면 《삼국지》의 이야기가 도움을 줄 수 있다고 봅니다. 기존 교육이 채워 주지 못하는 부분의 균형을 잡고 보완해 줄 수 있습니다. 저도 학생들을 가르칠 때 말합니다. 상황을 객관화해서 생각하는 습관을 가질 필요가 있다고요. 《삼국지》 속의 이야기는 현실의 이야기와 크게 다르지 않습니다. 살아남기 위해서, 이기기 위해서는 양수가 말한 것처럼 꿈속에 있어서는 안 될 것입니다.

*사진: 서성 제공

제4강

중국의
역사를 바꾼 전쟁

| 조관희 |

China

춘추전국시대부터 현대까지 중국 사회는 수많은 전쟁을 통해 변화를 겪었다. 그중에서도 시대를 구분할 정도로 의미 있는 두 전쟁을 소개한다. 페이수이 전투는 중국 역사의 범위를 확장했고, 아편전쟁은 중국인이 오랫동안 갖고 있던 이데올로기를 깨트렸다. 이 두 전쟁 이후 중국 대륙에서는 이전에는 없었던 새로운 역사가 전개되었다.

어느덧 네 번째 이야기를 하게 됐습니다. 저는 오늘 강의를 맡았고, 또 이 과정 전체를 총괄하고 있습니다. 여기 식으로 표현하면 중국학교 교장입니다. 상명대학교 중국어문학과에서 학생들을 가르치고 있는 조관희입니다. 반갑습니다.

이번 중국학교는 중국에 대한 다양한 아이템을 가지고 운영하고 있습니다. 작년(2014년)에 처음 시작했습니다. 방식은 올해랑 비슷합니다만, 당시는 제가 혼자서 8강을 강의했습니다. 그때도 주요한 아이템 위주로 강의를 진행했습니다. 강의가 좋다 나쁘다를 떠나서, 저 혼자 하는 것보다는 많은 분이 참여해서 다양한 관점과 목소리를 함께 나누는 게 좋지 않겠나 싶었습니다. 그래서 올해는 방식을 좀 바꿔서 각 분야 전문가 선생님들을 모시고 진행하고 있습니다.

앞으로 중국학교가 또 어떻게 변화할지는 잘 모르겠습니다만, 다양한 주제를 가지고 여러분이 평소에 접하기 어려운 중국 이야기를 준비하는 방식은 유지해 나갈 생각입니다. 첫 주에는 그림을 통해 근대 중국을 이야기했고, 둘째 주에는 시를 가지고 중국을 이해해 봤고, 셋째 주에는 삼국지를 가지고 중국 문화를 탐구해 봤습니다. 오늘 제가 준비한 내용은 전쟁입니다.

4대 기서
《수호전》, 《삼국지연의》, 《서유기》, 《금병매》를 이른다. 《금병매》 대신에 《비파기》를 넣기도 한다.

6대 소설
4대 기서에 《유림외사》와 《홍루몽》을 더하여 이렇게 부른다.

여러분이 잘 알고 있듯이 중국 역사는 굉장히 깁니다. 그 사이 사건도 굉장히 많았습니다. 사실 제 전공은 중국 소설입니다. 소설은 크게 고대와 현대 소설로 나누는데요, 저는 고대 소설을 전공했습니다. 고대 소설에서 가장 유명한 것은 '4대 기서'입니다. 이 4대 기서는 명나라 때 나온 것들입니다. 청나라 때도 많은 소설이 나왔습니다. 이 가운데 유명한 소설 두 편을 더 보태서 '6대 소설'이라고 부릅니다. 제가 석사 때는 《수호전》을 가지고 논문을 썼고요, 박사 때는 청대 소설인 《유림외사儒林外史》로 논문을 썼습니다. 국내에는 그리 잘 알려져 있지 않습니다만, 앞서 말씀드린 6대 소설에 포함됐던 유명한 작품입니다.

제가 오랫동안 학생들과 공부를 하며 느낀 것 중에 하나는 중국학을 하는 데 가장 기본적인 것이 바로 역사라는 사실입니다. 그래서 약 10년 전부터 중국 역사와 관련된 강좌를 개설해서 강의를 해오고 있습니다. 그런데 막상 강의를 하려다 보니 마땅한 교재가 없었습니다. 역사교재는 주로 사학과 교수님들께서 쓰셨는데, 이분들은 너무 전문적으로 집필을 하셔서 난해하기도 하고 분량도 너무 많아 학생들이 힘들어 했습니다. 그래서 그동안 강의하며 느낀 것과 공부한 것을 엮어서 역사책 두 권을 썼습니다. 고대사와 현대사에 관한 겁니다.

물론 역사 전공자들이 보실 때는 부족한 게 많을 겁니다. 그러나 저는 역사학을 하기 위해 쓰지 않았습니다. 중국을 알고 싶은 일반 대중이 쉽게 접근할 수 있는 입문서가 필요하겠다는 생각에서 집필한 것입니다. 덕분에 저도 중국 역사를 죽 훑어볼 수 있었습니다. 그 가운데 전쟁을 주제로 해서 오늘 여러분께 말씀을 드릴까 합니다.

중국 역사는 길다고 말씀드렸죠? 그 긴 역사 중에 전쟁이 얼마나 많았겠습니까? 춘추전국시대부터 시작해서 정말 수많은 전쟁이 있었는데, 중요한 것은 그 전쟁들을 통해 중국 사회가 변화를 겪었다는 사실입니다. 이해관계든 종족 간의 갈등이든 전쟁이 일어난 원인은 다양합니다만, 전쟁이 빚은 결과는 시대를 구분할 정도로 획기적인 의미를 갖게 되는 경우가 많습니다. 그 수많은 전쟁 중에서도 오늘 저는 여러분께 두 가지 전쟁을 말씀드리고자 합니다. 그 두 전쟁이 중국 역사에 어떤 영향을 미쳤는지, 중국 사회를 어떻게 변화시켰는지를 말씀드릴까 합니다.

🌸 삼국지의 전투 1: 관두의 싸움

본론에 들어가기에 앞서 지난 시간에 다뤘던 삼국지에 나오는 전쟁을 좀 살펴보겠습니다. 첫 번째로 다루려는 전쟁과 상관이 있기 때문에 잠깐 언급을 하고 지나가겠습니다. 삼국지에도 3대 전투가 있죠? 이 세 전투를 간략하게 살펴본 뒤에 오늘 본론에서 다룰 두 전쟁을 이야기하겠습니다.

첫 번째가 '관두의 싸움(官渡之戰, 관도지전)'입니다. 이 전투의 내용을 한마디로 정리하면 '누구에게나 처음이 있다'는 것입니다. 처음부터 유명한 사람은 없습니다. 처음에는 다들 미미한 존재였습니다. 차츰 실력을 쌓다가 어떤 계기를 만나서 드디어 영웅, 즉 패자가 되는 것이죠. 관두의 싸움은 그때까지 미미한 존재였던 조조曹操라는 사람, 중국 말로는 차오차오라는 사람이 영웅으로 등장하는 계기가 됩니다.

저는 우리가 흔히 아는 한자식 이름과 중국식 이름을 같이 쓰도록 하겠습니다. '조조'는 한자를 우리 식으로 읽은 말입니다. 그런데 중국 사람이죠? 우리가 오랫동안 삼국지를 읽어오면서 이것을 마치 우리 역사인 것처럼 혼동하는 경우가 있는 것 같아요. 이백과 두보가 남 같지 않죠? 소동파, 얼마나 유명합니까? 그러나 자세히 살펴보면 우리 입장에서 실망스러울 때가 많습니다.

소동파가 특히 그렇습니다. 소동파가 유명하기도 하고 중국 문학에서 빼놓을 수 없는, 열 손가락 안에 드는 중요한 인물인 것도 사실입니다. 하지만 그가 당시 한반도에 있던 고려라는 나라를 얼마나 무시했는지를 알게 된다면, 아마 그에 대한 생각이 조금은 달라지지 않을까요? 굉장히 무시하고 경멸했습니다. 한마디로 오랑캐라는 거죠. 그런데 우리는 우리를 무시했던 인물을 마치 우리의 위인인 것처럼 떠받들고 살지 않나요? 그래서 저는 중국의 인물들을 약간 거리를 두고 살펴보려고 합니다.

그 방법 중의 하나가 이름 부르기입니다. 우리 식 이름이 아니라 그 나라 발음대로 불러주자는 거죠. 조조가 아니라 '차오차오'고, 유비가 아니라 '류베이'인 거죠. 중국 사람을 만나서 "유비를 아느냐"고 물어

보면 이해할까요? 반대로 우리도 이름을 한자로 쓰잖습니까? 그 사람들은 우리 이름을 어떻게 부를까요? 중국식 발음으로 읽습니다. 제 이름이 조관희인데, 조관희라고 부르지 않고 중국식으로 '자오콴시'라고 부릅니다.

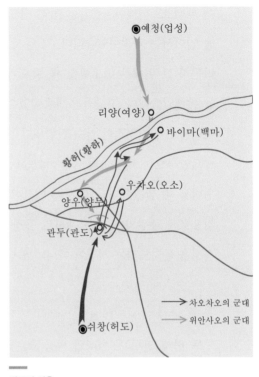

관두의 싸움

저는 그때마다 설명을 해줍니다. "내 이름은 자오콴시가 아니라 조관희다"라고요. 중국 사람들 이외의 다른 나라 사람들이 제 이름을 자오콴시라고 부르진 않잖아요. 세계에서 딱 한 나라, 중국에서만 저를 자오콴시라고 부릅니다. 이상하잖아요. 당연한 것이 아닙니다. 쌍방이 마찬가지입니다. 제가 조조를 차오차오라고 부르듯이 중국 사람들은 저를 조관희라고 불러야 합니다. 고유명사이기 때문입니다.

다시 전투 이야기로 돌아오겠습니다. 차오차오가 이 관두의 싸움을 통해 무명에서 일약 중원의 패자로 떠오릅니다. 그 과정은 지난 시간에 배웠죠? 허베이(河北, 하북) 지역 최고의 실력자인 위안사오(袁紹, 원소)을 넘어서는 과정이었습니다. 그 당시 세력의 크기로 봤을 때, 병력이라든가 그 위세를 비교했을 때, 차오차오는 위안사오의 상대가 안 되는 존재였습니다. 정상적인 싸움이었으면 차오차오가 졌겠죠? 그러나 위안사오가 결정적인 실수를 합니다. 자만심이었죠.

위안사오는 명문가의 자손이었습니다. 이름도 모르는 차오차오가 덤볐을 때 깔봤습니다. 그것이 패착이었죠. 차오차오는 이 전투에 이김으로써 중원의 새로운 패자로 등장하게 됩니다. 오늘은 그 자세한 과정을 들려드리는 시간이 아니니까 넘어가겠습니다.

🐺 삼국지의 전투 2: 츠비의 싸움

두 번째 전투는 '츠비의 싸움(赤壁之戰, 적벽지전)'입니다. 흔히들 '적벽대전'이라고 부르는 바로 그 전투입니다. 이때는 누구와 누구의 싸움일까요? 위나라와 오나라의 싸움입니다. 촉나라가 아닙니다. 이 전투에서 주거량(諸葛亮, 제갈량)이 큰 역할을 하기 때문에 위나라와 촉나라의 전투라고 착각하는 분들이 많습니다만, 실제로는 오나라와 싸운 것이죠. 주거량은 오나라를 도와주러 간 것입니다.

주거량이 등장하기 이전에 사건이 하나 있었습니다. 오나라에서는 쑨(孫, 손) 씨 집안이 그 지역의 맹주였습니다. 명문가였죠. 위나라에는 차오차오가 등장했습니다. 그 상태에서 천하가 재편되어 가는 와중에 류베이는 근거지도 없이 떠돌아다니는 존재였습니다. 가슴속에 큰 뜻을 품었는데 그것을 펼쳐나갈 근거가 없었습니다.

암중모색하는 과정에 와룡선생을 추천받습니다. 잘 알려져 있듯이 삼고초려를 통해서 주거량이 자기 마음을 류베이에게 준 겁니다. 주거량이 당시에 생각하고 있던 정세 판단을 류베이에게 들려줍니다. 그것을 '융중대책隆中對策'이라고 합니다. 주거량의 근거지가 룽중(隆中, 융중)이어서 그렇게 이름을 붙였습니다.

이 대책의 첫째는 '근거지를 마련하라'는 것입니다. 위나라와 맞서 싸우려면 근거지가 필요한데, 그 요충지가 바로 징저우(荊州, 형주)란 곳입니다. 그리고 병참이 필요하죠? 전쟁을 할 때 가장 중요한 것이 바로 군수입니다. 보급이 안 되면 싸움 자체가 성립하지를 못합니다. 예를 들어 보겠습니다. 수나라 양제가 고구려를 침략할 때 100만 명이 움직였다고 하죠. 얼마나 많은 숫자입니까? 그 많은 사람이 수도인 뤄양(洛陽, 낙양)을 출발해서 고구려까지 갔습니다. 6개월이 걸렸습니다. 행군이 빠를 수가 없습니다. 보병은 빠르게 이동할 수 있습니다만, 먹어야 가잖아요. 그 엄청난 수의 병사들이 먹을 군량미가 또 얼마나 많아야 하겠습니까? 옛날에는 이처럼 보급이 전쟁의 성패를 좌우했다 해도 과언이 아닙니다. 주거량은 그래서 병참을 위한 배후지로 지금의 쓰촨, 당시에는 이저우(益州, 익주)를 지목했습니다. 여기까지가 첫 번째 대책입니다.

두 번째 대책은 '오나라와 협동작전을 벌여야 한다'는 것이었습니다. 류베이는 세력이 아직 약하기 때문에 위나라와 맞서 싸울 수 없으니

오나라와 손을 잡으라는 뜻이죠. 류베이는 주거량의 이 대책을 받아들여서 오나라와 친선을 맺습니다. 이런 분위기 속에서 츠비의 싸움이 시작된 것입니다.

이 싸움도 앞선 관두의 싸움과 같은 양상을 가지고 있습니다. 적은 수의 병력이 많은 수의 병력과 싸워 이겼다는 것입니다. 차오차오가 군사력 면에서 월등했습니다. 그러나 바람의 방향을 이용한 주거량의 화공이 먹혀들면서 결국 오나라 군사가 승리하는 결과를 낳았습니다. 위나라는 이 전쟁을 계기로 위세가 한 번 꺾였습니다.

우리나라에서는 차오차오, 즉 조조를 간웅姦雄이라고 생각하는 사람이 많습니다. 하지만 과연 그럴까요? 《삼국지》란 소설이 나온 것은 명나라 때입니다. 그때 기준으로 봐도 천 년 전 일입니다. 천 년이란 시간이 어떤 시간입니까? 지금으로부터 천 년 뒤에 오늘날을 묘사한다고 생각해 보십시오. 상상이 안 가죠? 명나라 때 이 소설이 나오기까지 천 년이란 시간 동안 본래 이야기에 얼마나 많은 이야기가 덧붙고 허구가 가미됐을까요? 그 와중에 등장인물에 대한 호오好惡도 만들어진 것이겠죠.

그렇다면 언제부터 차오차오라는 인물이 나쁜 캐릭터가 됐을까요? 송나라 때부터라고 합니다. 특히 남송 때죠. 주범은 바로 우리가 '주자'라 부르는 주시(朱熹, 주희)입니다. 주시가 학생들에게 읽히려고 《통사강목通史綱目》이라는 간추린 역사책을 썼습니다. 이때 자기 생각을 집어넣은 것이죠. 차오차오는 나쁜 사람으로 만들고 류베이, 즉 유비는 좋은 사람으로 만들었습니다. 류베이를 좋은 사람으로 만든 이유는 딱 한 가지였습니다. 바로 한나라를 만든 류방(劉邦, 유방)과 같은 성씨였기 때문입니다. 단지 그 이유만으로 왕족인 류베이가 좋은 사람이 되고 당시 가장 강력한 나라를 가지고 있던 차오차오는 나쁜 놈이 됐습니다.

그전에는 삼국지 인물들에 대한 특별한 호오가 없었습니다. 두푸(杜甫, 두보)가 남긴 시에 이런 내용이 있습니다. 당시 차오차오와 같은 성을 쓰는 장군 하나가 진급을 했는데, 이를 축하하는 시 한 편에 "당신의 조상인 차오차오과 같이 위대한 장수가 되리라"라고 적었습니다. 지금 같은 관점이라면 욕이겠죠. 그러나 두푸는 절대 그런 의도로 쓰지 않았습니다. 어쨌든 차오차오가 이 츠비 전투에 참패하면서 위, 촉, 오라는 세 나라의 역학관계가 자리를 잡습니다. 이것을 '정족지세鼎足之勢'라고 합니다. 한동안 이런 균형이 지속되죠.

참고로 츠비, 곧 적벽은 중국에 세 군데가 있습니다. 그중에 두 군데가 유명한데요, 첫 번째가 바로 삼국지에 나오는 적벽입니다. 양쯔강변에 있습니다. 두 번째는 소동파가 노래한 '적벽부'의 무대입니다. 소동파가 배를 띄웠던 적벽과 삼국지에 등장하는 적벽은 같은 곳이 아닙니다. 멀지 않는 거리에 있기는 합니다. 그래서 삼국지에 등장하는 적벽을 '무벽武壁'이라 부르고 소동파가 노래한 적벽을 '문벽文壁'이라고 부릅니다. 여기를 확인하시려면 우한武漢으로 가셔야 하는데요, 가려고 하는 곳이 문벽인지 무벽인지 사전에 확인을 하셔야 합니다.

대부분은 무벽으로 갑니다만, 간혹 문벽을 가는 경우가 있기 때문에 확인하시는 게 좋습니다.

가보면 아시겠지만 사실 별 볼 게 없습니다. 제가 약 20년 전에 KBS 팀과 삼국지 문화기행을 3주 동안 갔다 온 적이 있습니다. 지금 생각해 보면 참 말이 안 되는 일정이었는데요, 베이징에서 출발해서 시안을 들렀다가 쓰촨을 거쳐 양쯔 강(장강)을 타고 내려와서 상하이까지 한 바퀴 빙 도는 코스였습니다. 삼국지에 등장하는 코스를 다 찾아다닌 거죠.

개인적으로는 좋은 경험이었습니다만, 가서 실망스러웠던 곳도 몇 군데 있었어요. 그중 하나가 적벽이었습니다. 적벽대전이라는 어마어마한 스케일을 상상하고 갔는데 현장에서 싸움을 볼 수 있는 건 아니잖아요. 큰 강과 강이 끼고 도는 절벽에 '적벽'이라고 쓰여 있는 것 말고는 아무것도 발견할 수 없었습니다.

그런데 한 가지 인상 깊었던 것은 '양쯔 강이 정말 크구나' 하는 것이었습니다. 지역마다 강폭이 다르긴 합니다만, 적벽이 있는 곳은 굉장히 넓은 곳입니다. 얼마나 넓은지 이쪽에서 반대쪽을 보면 수평선이 보입니다. 건너편 하안河岸이 안 보일 정도입니다. 게다가 강물은 누런 황토 물입니다. 그 안에 뭐가 살고 있을까요? 정말 규모 하나만으로 사람을 질리게 만드는 강이었습니다.

또 하나 실망스러웠던 곳은 우장위안(五丈原, 오장원)입니다. 주거량이 죽은 곳으로 드라마가 녹아 있는 곳입니다. 중국에서 만든 〈삼국지〉

적벽

대하드라마가 있는데, 제가 볼 때 그 드라마의 클라이맥스는 바로 주거량이 죽는 장면이었습니다. 삼국지를 소설로 볼 때도 마찬가지죠. 지난 시간에도 들었지만 독자들이 《삼국지》를 읽다가 주거량이 죽는 대목에서 책을 집어던진다지 않습니까? 주거량의 활약을 보려고 읽는 사람이 얼마나 많은데 오죽했겠습니까?

드라마에서는 주거량의 죽음이 정말 극적으로 묘사되었습니다. 죽음에 임박해서 하늘에서 운석이 떨어지고 촛불이 꺼집니다. 촛불을 지키라고 명을 받은 병사가 배치되어 있는데도 꺼졌습니다. 그 꺼진 촛불을 보고 주거량이 자신의 죽음을 예감하는 장면이 나옵니다. 이 장면이 실제 일어난 곳이 우장위안입니다. 황토 고원입니다. 한 층만 있는 게 아니라 3개 층 정도 있었던 걸로 기억합니다.

그곳에 갔을 때가 7월 말이었는데요, 얼마나 더웠겠습니까? 황토 고원이니 우물도 없고 목은 마르고. 그래도 그 뜨거운 햇빛을 견디고 올라갔습니다. 올라가서 물었죠. 우장위안이 어디냐고. 바로 여기라는 거예요. 그냥 옥수수밭이에요. 아무것도 없었습니다. 황토 고원에 올라 옥수수밭을 보고 온 겁니다. 지명은 우장위안이었지만 남아 있는 게 아무것도 없는 거죠. 너무 억울해서 황토를 퍼왔습니다. 그렇게라도 기념을 하고 싶었습니다.

또 한 군데는 후라오관(虎牢關, 호뢰관)이란 곳입니다. 이곳은 뤼부(呂布, 여포)와 류베이, 관위(關羽, 관우), 장페이(張飛, 장비)가 붙은 곳입니다. 이른바 '유관장'의 데뷔 무대였습니다. 이전까지만 해도 유관장은 존재감

이 없었습니다. 좀 치사하지만 여기서 뤼부와 1대 3으로 붙었습니다. 하지만 승부가 나지 않고 비겼습니다. 그래도 사람들이 대단하다고 말했습니다. 그전까지는 어떤 경우라도 뤼부가 다 이겼습니다만, 유관장은 최소한 지지 않았기 때문입니다. 그래서 유관장이 처음으로 사람들에게 그 이름을 알리게 되었습니다.

그 후 라오관을 갔습니다만 역시 옥수수밭만 보고 왔습니다. 그곳에 비하면 츠비

저우위 동상

는 그나마 양반입니다. 절벽에 '적벽'이라고 쓰여 있고요, 그 위에 올라가면 오나라 장수 저우위(周瑜, 주유)의 동상도 있습니다. 상당히 큰 규모입니다. 너무 커서 살풍경한 느낌도 듭니다만 그래도 이곳은 츠비, 적벽이구나 하는 생각이 나게끔 만들었습니다.

이제 세 번째 전투 '이링의 싸움(夷陵之戰, 이릉지전)'입니다. 첫 번째 관두의 싸움은 차오차오가 일어서는 계기가 됐고요, 츠비에서의 싸움은 위, 촉, 오 세 나라가 정족지세를 이루는 데 기여합니다. 마지막 세 번째 이링의 싸움은 정족지세가 파국으로 접어드는 계기가 됩니다. 주거량이 뭐라고 했나요? 오나라와 싸우지 말라고 했습니다. 그런데 어기죠. 욕심을 부렸습니다. 문제는 전략적 요충지 징저우였습니다. 오나라는 이곳을 촉에게 잠시 임대했다고 여겼지만, 촉나라는 자신들의 힘으로 싸워 얻은 것이라 여겼습니다.

그러던 중 촉이 위나라를 치기 위해 연합작전을 벌이자, 징저우를 지키던 관위 역시 징저우를 비우고 북으로 올라갔습니다. 이를 틈타 오나라가 징저우를 공격하자 군사를 되돌려 오와 싸우던 관위가 매복에 걸려 죽었습니다. 이 일로 류베이는 이성을 잃습니다. 도원결의가 뭡니까? 태어나기는 다른 날 태어났지만 죽기는 같은 날 죽자는 맹세 아닙니까? 그래서 복수를 하러 갑니다. 싸우지 말아야 할 상대와 싸운 것입니다. 싸우러 가는 과정에 장페이가 죽습니다. 류베이의 분노는 이미 걷잡을 수 없을 정도였습니다. 주거량과 다른 신하들은 만류했지만, 류베이는 아우들의 복수를 위해 오나라를 공격합니다. 그러나 오나라 장수 루쑨(陸孫, 육손)에게 결정적인 패배를 당하고 촉으로 귀환하는 길에 233년 바이디청(白帝城, 백제성)에서 병사합니다. 아마도 울화병이었겠죠?

바이디청은 지금은 옛날 모습을 다 잃었습니다. 싼샤라는 어마어마한 댐을 만드는 과정에서 수몰된 것입니다. '싼샤(三峽, 삼협)'는 양쯔 강에서 가장 아름다운 세 절벽, 협곡을 가리키는 이름입니다. 이 협곡들에 있던 많은 유적지가 댐 건설로 인해 수몰됐습니다. 류베이가 죽은 바이디청 역시 마찬가지입니다. 아래 사진은 싼샤 댐이 건설되기 전, 지금으로부터 20년 전에 찍은 것입니다. 지금은 중요 유물을 그 위로 옮겼습니다. 수몰된 다른 명승지도 수면 위로 옮긴 곳이 많습니다.

오른쪽 사진은 삼국지의 한 장면을 묘사한 것입니다. 어떤 장면일까요? 류베이가 병석에 누워 죽어가는 모습입니다. 왼쪽에 모자를 쓰고 부채를 들고 서 있는 사람이 주거량이죠. 모자와 부채는 주거량의 트레이드 마크입니다. 오른쪽에 서 있는 장수는 자오윈(趙雲, 조운), 즉 조자룡입니다. 앞에 엎드려 있는 두 사람은 류베이의 아들들입니다.

그런데 두 아들이 온전치가 못했습니다. 특히 큰아들이 그랬죠. 삼국지의 유명한 장면 중에 장페이와 자오윈의 '장판교의 싸움'이 있죠. 위나라 군사들이 막 쳐들어오는데 류베이의 첫 번째 부인과 큰아들이 포위망에 갇혀 있었습니다. 그 포위망을 뚫고 둘을 구출해낸 사람이 바로 자오윈, 조자룡입니다. 우리가 흔히 '조자룡 헌 창 쓰듯 한다'는 말이 바로 이 대목에서 나온 것입니다.

사실 믿기지는 않습니다. 아무리 위나라 군사가 허접스럽다 해도 그 두터운 포위망을 혼자서 뚫는다는 것은 말이 안 됩니다. 1980년대 홍콩 누아르 영화인 〈첩혈쌍웅〉, 〈영웅본색〉을 보는 것 같지 않습

니까? 저우룬파(周潤發, 주
윤발)는 아무리 총을 많
이 맞아도 죽지 않죠.
반대쪽은 어떻나요? 저
우룬파가 대충 쏘기만
해도 상대방은 맥도 못
추고 죽어나갑니다. 자
오윈의 활약이 꼭 그런

탁고의 고사를 묘사한 모습

장면 같아 보입니다.

어쨌든 자오윈이 류베이의 부인과 큰아들을 구해 왔습니다. 그때
류베이가 큰아들을 땅에다 내팽개치죠. "네 놈 때문에 내 소중한 장수
를 잃어버릴 뻔했다"는 거였습니다. 사람들이 보는 앞에서 장수의 위
신을 높여 준 것이죠. 그러나 큰아들은 그때 경기를 일으켜서 지적장
애가 생기고 맙니다. 흔히들 바보라고 부르는 수준이 된 것이죠. 그
큰아들이 류찬(劉禪, 유선)입니다.

사진은 류베이가 주거량에게 자기의 두 아들을 부탁하는 장면입니
다. 류베이는 자기가 죽은 뒤 주거량이 딴마음을 먹으면 어떡할까 걱
정했습니다. 물론 그 얘기를 드러내 놓고 하지는 않았습니다. 대신 완
곡하게 "내 아들, 이 고아를 부탁한다"고 말합니다. 이 장면이 그 유명
한 '탁고託孤의 고사'입니다. 지금도 바이디청에 가시면 보실 수 있을
겁니다.

✿ 삼국지 이후 진나라의 단명

여기까지 삼국시대 이야기는 대충 정리하겠습니다. 삼국시대가 끝나고 진晉나라가 삼국을 통일합니다. 진나라는 쓰마(司馬, 사마) 씨가 세운 나라입니다. 그런데 쓰마 씨 집안 내부에 문제가 굉장히 많았습니다. 자중지란自中之亂이라고 하죠? 사업할 때도 그렇잖아요. 창업이 능사가 아닙니다. 그것 못지않게 수성이 중요합니다. 잘 아시겠지만 창업한 사람들이 또 얼마나 많이 실패를 합니까? 요즘엔 창업자의 80~90%가 문을 닫는다고 하잖아요.

왕조도 마찬가지입니다. 사이즈는 다르지만 기본 원리는 똑같습니다. 그래서 진秦나라와 수隋나라가 단명을 합니다. 진나라와 수나라는 중국 역사상 굉장히 중요한 왕조였습니다. 진나라에 대해서는 길게 말씀드릴 필요가 없습니다. 춘추전국시대를 끝내고 세운 중국 최초의 통일왕조니까요. 시황제란 사람이 대단한 일을 한 것입니다.

수나라는 어떤가요? 우리는 수나라에 대해 별로 좋은 감정을 갖고 있지 않습니다. 왜냐하면 고구려를 침략한 나라이기 때문입니다. 수나라가 망한 이유도 고구려 원정 때문이었습니다. 원정에 너무 많은 자원을 낭비해서 국가 재원을 피폐하게 만들었죠. 백만 대군을 6개월간 끌고 가는 데 들어가는 비용은 상상을 초월하지 않겠습니까? 그 비용이 다 어디에서 나오나요. 백성들의 고혈을 짜서 나온 것입니다. 세금을 걷고 물자를 징발하지 않습니까?

전쟁에서 이기기라도 했으면 다행입니다. 패전국에게 배상금을 뜯

어내면 되잖아요. 승자가 패자를 노략질하지 않습니까? 그것 자체를 나쁘게만 볼 것은 아닙니다. 왜냐하면 전쟁을 수행하는 데 투입된 비용을 벌충하는 활동이니까요. 단순히 재물에 욕심이 있어서만은 아닙니다. 근현대로 오면 좀 세련되게 승자가 자기에게 유리한 조약을 패자에게 강제해서 배상금을 받아냅니다. 그러나 수나라는 고구려와의 전쟁에서 졌습니다. 벌충할 곳이 없잖아요. 그래서 민란이 일어나고 나라가 망한 겁니다.

수나라는 중세 동아시아의 기본이 되는 국가의 틀을 세운 나라입니다. 국사 시간에 '율령국가', '3성 6부' 같은 용어를 들어 보셨을 거예요. 이런 체제는 모두 중국에서 받아들인 겁니다. 정확하게는 수나라의 문제가 이런 체제를 만들었습니다. 수 문제는 정말 뛰어난 사람이었습니다. 그 사람이 만든 것 중에 가장 대표적인 제도가 바로 '과거제도'입니다. 그 이전에는 이런 제도 자체가 없었습니다.

물론 과거제도도 장단점이 있습니다. 후대에 와서는 과거제 자체의 폐해가 생겨나기도 했습니다. 그러나 과거제도는 한 나라의 인재를 뽑는 제도로서 청나라가 망할 때까지 천 년 넘게 유지됐습니다. 그 시작이 수나라 때입니다.

쓰마 씨가 세운 진나라도 수성에 실패합니다. 자기네들끼리 싸움을 벌입니다. 황제 아래 있는 왕들이 앞다퉈서 반란을 일으키고 골육상쟁을 벌였습니다. 여기까지는 인지상정이라고 봐줄 수도 있습니다. 그러나 도가 지나치면서 해서는 안 될 짓을 하게 됩니다. 바로 권력을 잡기 위해 외부에서 용병을 끌어온 것입니다. 그 당시 용병은 유목민족들입니다.

중국은 지형적으로 고립된 곳입니다. 동쪽은 바다죠. 남쪽은 히말라야 산맥이 윈난과 쓰촨에 걸쳐 죽 이어져 있습니다. 어마어마한 산지입니다. 지금도 오지로 분류됩니다. 저의 제2전공이 중국 여행입니다. 중국 모든 성을 다 돌았습니다. 특히 많이 간 곳이 오지입니다. 티베트, 신장 위구르 지역, 쓰촨과 윈난의 오지, 그리고 사막 같은 곳을 많이 다녔습니다. 그중에서도 쓰촨과 윈난은 오지 중의 오지입니다. 어떤 마을은 지금도 차가 들어가는 길이 없어서 하루 종일 걸어야 도달할 수 있습니다. 그곳은 정말 사람들이 범접할 수 있는 곳이 아닙니다. 옛날에는 더했겠죠? 외적이 쳐들어갈 만한 곳도 아니죠.

서쪽은 어떻습니까? 티베트 고원이 있고, 넘어가면 바로 사막입니다. 고원과 사막 가운데 좁은 혈로가 하나 뚫려 있는데 중국 사람들은 이를 '허시쩌우랑(河西走廊, 하서주랑)'이라고 부릅니다. 바로 실크로드죠. 정말 한 줄기 길이 나 있습니다. 나머지는 사람이 살 수 없습니다. 중국에서 유일하게 막혀 있지 않은 곳이 북쪽입니다. 북쪽은 스텝steppe 지역입니다. 사람들이 드문드문 살고 있습니다. 유목민족들입니다.

유목민족은 항상 식량 문제에 시달립니다. 그래서 중원으로 내려오는 겁니다. 그 사람들이 원래부터 호전적이라서가 아닙니다. 먹고 살려면 내려오는 수밖에 없습니다. 북쪽에서 소와 양만 키워서는 먹고 살기 힘듭니다. 끊임없이 내려와야 합니다. 주무기는 싸움입니다. 생존을 걸고 싸우는 사람을 이기기가 쉽지 않습니다. 그래서 그들을 막으려고 장성을 세운 거죠.

진나라에서 내분이 일어났을 때, 일부 세력이 유목민을 용병으로 데려다가 싸움을 시켰습니다. 문제는 유목민들이 시간이 흐르며 자기 세력을 만들었다는 겁니다. 이용만 당하고 돌아가지 않고 힘을 키워서 주저앉은 것이죠. 당시 용병에 대한 대우는 형편없었습니다. 거의 노예처럼 부렸다고 합니다. 한족에 대한 억하심정이 차곡차곡 쌓이던 중에 세력은 커졌고, 그 사이에 몇몇 뛰어난 지도자가 등장하면서 아예 나라를 만들게 된 것입니다. 그 나라가 16개나 됐습니다.

'5호 16국'이라는 말은 들어 보셨죠? 오랑캐 부족 다섯이 16개 나라를 만들었다는 뜻입니다. 그 원인은 진나라가 자초한 것입니다. 진나라는 결국 나라를 빼앗깁니다. 양쯔 강 이남으로 쫓겨나게 됩니다. 지금의 난징南京이 새로운 수도가 됩니다. 이때부터는 동진東晉이라고 불리기 시작합니다. 북쪽은 5호 16국이 다 차지하고, 남쪽은 한족들이 피난 내려와서 옛날에는 오랑캐 땅이라고 버린 곳을 개척해 살아갑니다.

북쪽도 16개 국가가 사이좋게 지내지는 못했겠죠? 치고받고 싸우다가 서서히 교통정리가 되더니 마침내 전진前秦이라는 나라로 통일됩니다. 이 나라의 왕이 푸젠(符堅, 부견)이라는 사람인데 우리나라 역사책에도 등장합니다. 고구려 소수림왕 때 '전진의 왕 부견이 파견한 순도順道라는 승려가 고구려에 불교를 전래했다'고 기록되어 있습니다.

🌸 전진과 동진이 부딪힌 페이수이 전투

이제부터가 본론입니다. 중국 역사를 바꾼 첫 번째 전투가 이제 막 시작됩니다. 북쪽을 평정한 전진의 푸젠이 욕심을 부립니다. 강남의 동진까지도 멸망시켜서 천하를 통일하자고 생각한 것이죠. 전진이 내려와서 동진과 부딪힌 곳이 페이수이(淝水, 비수)입니다. 페이수이는 남쪽에 있는 지명입니다. 양쯔 강보다는 위에 있고, 화이수이(淮水, 회수)보다는 아래 있습니다. 화이수이도 양쯔 강의 지류입니다.

보통 중국을 남과 북으로 나눌 때 이 화이수이를 기준으로 합니다. 화이수이가 어디에 나오는 이름인가요? 바로 탱자와 귤의 서식지를 나누는 기준입니다. 화이수이 이남으로 가면 귤이 되고, 이북으로 가면 탱자가 되는 것입니다江南種橘江北爲枳. 그 화이수이의 지류인 페이수이에서 싸움이 났습니다.

싸움의 결과 동진이 이겼습니다. 오늘 소개한 전쟁들의 공통점이 객관적으로 전력이 약한 군대가 강한 군대를 이겼다는 사실입니다. 소수의 병력으로 훨씬 많은 병력을 가진 군대를 물리친 싸움들입니다. 이 전쟁이 왜 중요할까요? 중국 역사에 등장하는 여러 전쟁 중에 하나라고 생각할 수 있는데 왜 특별한 의미를 부여하는 걸까요?

우선 지도에서 황허(黃河, 황하)를 보시면 좀 희한하게 흐릅니다. 칭하이 성에서 발원하여 동쪽으로 흐르다가 북쪽으로 방향을 틀어 한참

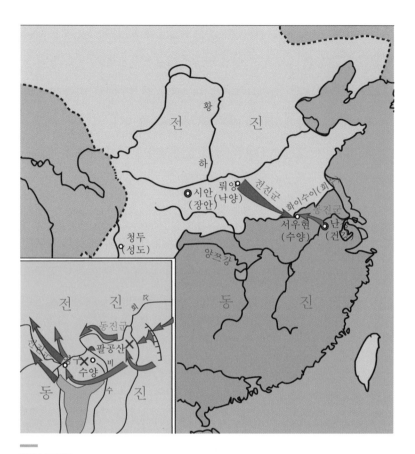

페이수이 전투

을 올라가서, 다시 남쪽으로 방향을 바꿔서 시안 부근으로 온 뒤, 동
쪽으로 방향을 틀어 흘러가는 모양을 하고 있습니다. 중국 하천의 공
통적인 특징은 대부분 동쪽으로 흐른다는 것입니다. 서쪽이 고원지대
고 동쪽이 바다니까 당연합니다.

시안의 북서쪽, 황허가 북쪽으로 돌출된 중간지대에 란저우蘭州라는

도시가 있습니다. 중국 사람들은 이 도시가 중국의 한가운데 있다고 말합니다. 교통의 중심지고 실크로드의 대표적인 도시이기도 합니다. 이곳은 해발 2,000미터 고지대입니다. 제가 란저우에서 비행기를 타고 베이징에 간 적이 있는데 이런 생각을 해봤습니다.

'이 비행기는 해발 2,000미터에서 출발하니까 굳이 상승할 필요가 없겠구나.'

황허가 감싸고 있는 지역을 오르도스Ordos, 중국말로 허타오河套라고 합니다. 오르도스는 학술적인 명칭입니다. 바로 이 지역이 유목민족과 농경민족이 오랫동안 다투고 싸움을 벌였던 곳입니다. 황허가 있기 때문에 일단 농경이 가능합니다. 지금 부르는 이름은 닝샤寧夏입니다. 닝샤는 상당히 독특한 곳입니다.

🌸 중국 여행의 1번지

저의 제2전공이 중국 여행이라고 말씀드렸죠? 한 15년 동안 여행을 기획해서 다니다 보니 여러 사람이 제게 이것저것 많이 물어봅니다. 그중에서도 가장 많은 질문이 바로 '중국 어디로 여행을 가면 좋겠냐'는 것입니다. 상당히 막연한 질문이긴 합니다만, 여행을 떠나는 입장에서 보면 정말 궁금한 질문이기도 합니다.

유홍준 씨가 《나의 문화유산 답사기》에서 첫 번째 장을 '남도 답사 1번지'라고 짓지 않았습니까? 저도 마찬가지로 말씀드리겠습니다. 중국 여행의 1번지가 어디일까요? 저는 얼마 전까지만 해도 '윈난'이라

3S 정책

3S, 즉 스포츠(Sports), 영화(Screen), 섹스(Sex)를 통해 대중의 정치적 무관심을 유도하는 정책.

고 말씀드렸습니다. 쿤밍昆明과 다리大理, 리장麗江까지만 가도 충분하고 만족하실 거라고 말입니다. 왜냐하면 일단 빼어난 풍광이 있습니다. 우리가 스위스를 좋아하는 이유가 뭡니까? 호수와 만년설 보러 가는 거잖아요. 바로 그런 멋진 경치가 윈난에 있습니다. 두 번째가 인문환경입니다. 뭔가 독특한 문화가 그곳에 있는 것이죠. 세 번째는 먹는 것입니다. 요즘 대세가 '먹방'이라고 하지 않습니까? 예전 군사독재 시절에는 3S 정책이 국민을 우민화한다고 말했는데, 요즘은 먹방이 우민화하는 것 같습니다. TV만 틀면 먹방 프로그램들이 쏟아져 나옵니다.

어쨌든 이 세 가지 정도가 사람들이 여행을 떠나고 싶어 하는 이유인데, 윈난이야말로 이 세 가지를 다 채워 주는 지역이라고 말씀드릴 수 있습니다. 기후마저 좋습니다. 겨울이라고 춥지 않고 여름이라고 덥지 않습니다. 윈난 성의 성도인 쿤밍의 별명이 '춘성春城'입니다. '봄의 도시'라는 뜻이죠. 그 정도로 기후가 좋습니다. 다리를 예로 들면 하늘은 그럴 수 없이 파랗고, 호수가 그 빛을 반사합니다. 호수 저편엔 산이 있습니다. 한국 사람들은 산을 좋아하지 않습니까? 너덧 시간 트래킹을 할 만한 코스가 있습니다. 이름도 멋집니다. '운유로雲遊路'라고, '구름 위에서 노니는 길'입니다. 정말 그런 기분이 듭니다. 산의 8부 능선쯤에 길을 만들어 놨는데 걷기도 편합니다. 평지와 크게 다르지 않습니다. 거기까지 올라가고 내려가는 것은 케이블카로 하면 됩니다. 정말 좋은 곳이죠.

그런데 최근 들어 1번 추천지를 바꿨습니다. 윈난에도 드디어 깃발 부대가 들이닥치기 시작한 것입니다. 중국인 단체여행객이 한 번 쓸고 지나가면 남아나는 게 없습니다. 그래서 지금은 옛날과 같은 정취를 느끼기가 쉽지 않습니다. 제가 처음에 갔을 때만 해도 정말 좋았습니다. 한적하고 인심도 후했습니다. 하지만 지금은 그 지역 사람들이 다 장사꾼이 됐습니다. 누구나 다 좌판 하나씩 깔고 뭐라도 팔고 있습니다. 워낙 많은 사람이 오니까 농사를 아예 접고 장사를 하게 된 것이지요. 그렇게 되면 아무래도 인심이 야박해질 수밖에 없죠.

시안에 다녀오신 분들은 진 시황제의 병마용을 꼭 보시지 않습니까? 그곳에 가시면 반드시 만나는 사람이 한 명 있습니다. 병마용을 처음 발견한 농부 할아버지입니다. 그 공로로 그곳에서 기념품 파는 일을 하게 됐습니다. 제가 20년 전에 갔을 때만 해도 그분은 여전히 농부였습니다. 수줍어도 하고 같이 사진도 찍고 했습니다. 그로부터 10년 후에 가봤더니 그새 사람이 바뀌었더라고요. 이젠 돈을 받습니다. 자기랑 사진 찍을 때 말입니다. 눈치가 워낙 빨라서 몰래 찍지도 못합니다. 몰래 찍으려고 하면 금방 눈치채고 막 뭐라고 야단을 치십니다. 옛날에는 소박한 농부 인상이었는데, 지금은 전혀 그런 느낌을 받을 수가 없습니다. 윈난도 그 할아버지처럼 바뀐 것이죠.

윈난을 대신해서 제가 추천하는 1번지가 바로 닝샤입니다. 여기는 아직 깃발부대가 가지 않은 곳입니다. 2014년에 중국학교에서 닝샤를 다녀왔습니다. 13명이 정말 오붓하게 잘 다녀왔습니다. 여기에도 세

가지가 다 있습니다. 사막도 있고, 호수도 있습니다. 산도 있고, 문화가 있습니다. 송나라 때 이 지역에 '서하西夏'라고 하는 왕국이 있었습니다. 닝샤 성의 수도인 인촨銀川 시 인근에 암벽산이 하나 있는데, 그곳에 선사시대 돌그림이 새겨져 있습니다. 굉장히 다양한 자연경관과 문화자원이 있습니다.

황허가 지나가는 바로 옆에 모래사막이 있고, 바로 그 아래에는 녹지가 있습니다. 산과 강과 사막과 녹지를 한꺼번에 볼 수 있습니다. 심지어 사막 질주 프로그램도 있습니다. 저희 13명이 장갑차 비슷한 트럭을 함께 타고 사막의 오르막과 내리막을 누볐습니다. 가장 기억에 남는 프로그램이었죠. 영화 촬영지도 있습니다. 정말 재미있는 곳입니다. 이제는 닝샤로 가십시오.

🌺 중국 역사를 양분하는 페이수이 전투

'중국中國'이라는 말의 뜻이 무엇인가요? 가운데 있는 나라라는 뜻이죠? 어디를 가운데라고 할까요? 바로 황허의 이남, 양쯔 강의 이북입니다. 다른 말로는 '중원中原'이라고 부릅니다. 나머지 북쪽은 유목민족이 사는 곳이고, 서쪽과 남쪽은 소수민족들이 사는 곳입니다.

중국 사람들은 중화中華사상을 갖고 있습니다. 자기네가 세계의 가운데 있으면서 문화의 꽃을 피운다고 생각했습니다. 나머지는 뭘까요? 오랑캐라고 생각합니다. 동쪽에는 커다란 활을 쥔 동이東夷가 있고, 남쪽에는 남만南蠻이라는 오랑캐가 살고 있습니다. 주거량이 일곱 번 잡았다가 일곱 번 놓아주는 '칠종칠금七縱七擒'을 했던 맹획孟獲이 바로 남만 왕이었죠. 서쪽은 서융西戎, 북쪽은 북적北狄이라고 불렀습니다. 사방이 오랑캐로 둘러싸여 있습니다. 오랑캐는 사람이라고 생각하지 않았습니다. 이것이 화이華夷사상입니다.

중국이 외교관계를 동등한 지위에서 처음 맺은 때는 청나라 강희제 때인 1689년이었습니다. 그때 러시아하고 국경분쟁이 생겨서 네르친스크에서 조약을 맺습니다. 중국이 다른 나라와 대등한 관계에서 맺은 최초의 조약이었습니다. 그 이전에는 조공을 받았습니다. 다 아래로 봤습니다. 자기들 말고 나머지는 다 오랑캐였기 때문입니다.

옛날 중국은 그리 큰 나라가 아니었습니다. 교통과 통신의 제약 때문이었습니다. 변변한 교통수단도 없고, 통신이라 해 봐야 말과 봉수대 정도였습니다. 한 나라가 법이나 행정체계를 정상적으로 수행할 수 있는 공간적인 범위가 딱 그 정도였습니다. 지금은 물론 훨씬 커졌습니다.

페이수이 전투를 계기로 일어난 가장 큰 확장은 강남 지역의 개발이었습니다. 옛날에는 전 세계가 농업국가였습니다. 따라서 농토가 중요하고 관개시설이 중요합니다. 황토 고원으로 이루어진 이른바 '중원'은 상대적으로 척박합니다. 농사 짓기에 만만한 곳이 아니었습니다. 이에 비해서 양쯔 강 유역은 상대적으로 농사 짓기가 훨씬 수월했습니다. 양쯔 강이라는 어마어마한 수원과 남쪽의 온난 다습한 기후가 뒷받침했습니다. 지금도 이 지역에서는 2모작, 3모작을 합니다.

겨울에 가도 초록색을 보실 수 있습니다. 페이수이 전투를 계기로 중국의 경제 중심지가 남쪽으로 이동한 것입니다.

동진이 성립되기 전 뤄양을 근거지로 하는 진나라가 세워졌을 때, 왕자 8명이 반란을 일으켰습니다. 이를 '8왕의 난'이라고 부릅니다. 골육상쟁을 벌인 거죠. 이때 가장 큰 사건이 '영가의 난永嘉之亂'이었습니다. 5호 16국이 들고 일어난 사건이죠. 영가의 난이 없었다면 동진이라는 나라도 없었을 것이고, 강남 지역도 계속 오랑캐의 땅으로 남아 있었을 겁니다. 삼국을 통일했던 진나라가 북쪽 오랑캐들에게 밀려 내려와 부득이하게 터전을 잡으면서 남쪽 지역을 중국에 편입하게 되었습니다. 페이수이 전투는 이러한 저간의 사정을 한눈에 보여 주는 상징적인 사건이었습니다.

페이수이 전투를 중국 학자들은 어떻게 해석할까요? 레이하이쭝雷海宗이라는 사학자는 페이수이 전투가 일어난 383년이야말로 중국 역사를 크게 양분하는 전환점이라고 주장했습니다. 우리 역사에서 신채호 선생이 조선 1천 년 역사 이래 제1대 사건으로 '묘청의 난'을 언급했던 것과 유사한 개념이라 볼 수 있습니다.

그의 주장에 따르면 중국 역사의 제1분기는 역사의 시초부터 383년 페이수이 전투까지이고, 제2분기는 그 이후로 오늘날까지입니다. 그렇다면 제1분기가 의미하는 것은 무엇일까요? 순수한 화하족華夏族이 문화를 창조, 발전시킨 시기라는 게 레이하이쭝의 설명입니다. 제2분기는 북방의 호족이 중국을 침략하고 인도에서 전해온 불교가 중국 문화에 심각한 영향을 준 시기입니다.

한마디로 제1분기는 비교적 협소한 공간에서 한족의 문화가 수천 년 동안 발전해온 시기입니다. 중국 역사의 시초를 따지자면 기원전 3000~4000년까지 거슬러 올라갑니다. 그 이후는 북쪽 오랑캐인 호胡족이 내려와서 한漢족을 만나 새로운 문화를 만들어 내는 시기입니다. 이 시기에 혈통뿐만 아니라 문화적으로도 커다란 변화가 일어났습니다.

현재 중국인의 90%가 한족이라고 하는데요, 과연 한족이란 게 무엇일까요? 한족을 뺀 나머지는 50여 개 소수민족입니다. 이 주장이 맞는다면 어림잡아도 10억 명이 한족이라는 계산이 나옵니다. 그런데 10억 명이나 되는 사람의 공통점과 정체성을 규정할 수 있을까요? 북쪽의 한족과 남쪽의 한족을 같은 민족이라고 말할 수 있을까요? 생긴 것도 다르고 문화도 다릅니다. 심지어 말도 다릅니다. 달리 말한다면 한족이란 건 없다고 봐야 합니다. 그저 하나의 관념체계로 존재하는 것이지, 사실상 한족을 한족이라고 규정하는 기준은 없습니다.

페이수이 전투가 갖는 또 다른 의미는 북쪽 유목민족과 남쪽 농경민족이 만났다는 사실입니다. 서로 다른 문화가 합쳐진 것입니다. 서로의 장점이 발현하고, 그 이후의 중국 역사가 달라지는 겁니다. 불교는 누가 받아들였을까요? 북쪽 유목민족의 왕조가 받아들인 겁니다. 중국의 3대 석불을 아시나요? 다퉁大同의 윈강(雲崗, 운강) 석굴과 뤄양에 있는 룽먼(龍門, 용문) 석굴, 그리고 둔황(敦煌, 돈황) 석굴인데요, 윈강과 룽먼 석굴이 오랑캐 국가인 북위北魏가 만든 것입니다.

북위 왕조는 150년 동안 존재했습니다. 처음 50년은 윈강 석굴 만드는 데 보내고, 다음 50년은 뤄양으로 수도를 옮긴 뒤 그곳에서 룽먼 석굴을 만드는 데 보냈습니다. 그리고 나머지 50년 동안 존속하다가 망한 겁니다. 북쪽 실크로드를 따라가 보면 북위 시대 유물들이 굉장히 많습니다. 유목민족이 세운 왕조가 아니었다면 불교가 과연 지금처럼 융성할 수 있었을까요?

전진 이후의 왕조는 간단합니다. 위진남북조를 수나라가 통일합니다. 시황제의 진나라랑 비슷합니다. 굉장한 일을 해냈지만 금방 망합니다. 토목공사와 전쟁 때문이었습니다. 두 가지 다 세금과 직결되는 프로젝트입니다. 국고를 탕진하고 세수를 메우려다 보니 민중의 고혈을 짤 수밖에 없었습니다. 그런데 다른 나라 이야기 같지가 않네요. 요즘 우리 주변에서도 많이 들리는 이야기 아닙니까? 이처럼 토목 건설에 목을 매는 나라는 망조가 든다는 겁니다.

그 다음이 당나라죠? 다음은 송나라와 원나라, 명, 청입니다. 간단합니다. 이 가운데 수나라와 당나라는 한족일까요? 이 두 나라는 북조라고 봐야 합니다. 수나라는 양씨를, 당나라는 이씨를 씁니다만, 그것은 중원에 내려와서 살다 보니까 한족 문화에 동화된 결과였습니다. 원래는 돌궐족이었습니다. 수나라와 당나라는 유목민족의 혈통이 흐르고 있었습니다. 그래서 당나라가 상당히 개방적이었던 것입니다.

송나라는 한족의 나라였습니다. 그 시대에 요나라와 금나라가 북쪽에 있었습니다. 이 사람들이 어떤 민족인지 굳이 설명할 필요는 없겠죠? 그리고 원나라는 몽골족입니다. 명나라는 한족입니다. 청나라는 만주족입니다. 한족의 나라는 송나라와 명나라, 이렇게 겨우 두 번밖에 없는 것입니다. 이렇게 보면 레이하이쭝이 왜 페이수이 전투를 기점으로 중국의 역사를 양분하는지 이해가 되시죠?

다시 한 번 말씀드리면 제1분기는 순수한 화하족이 주도하는 고전적 중국이었습니다. 그러나 제2분기에 와서 북방민족이 중원을 침략하고 인도의 불교를 받아들임으로써 중국 문화가 훨씬 더 풍부해졌습니다. 유불도儒佛道 3교라고 부르지 않습니까? 중국의 혈통도 그냥 내려온 게 아닙니다. 지금 한족이라고 부르는 사람들도 다 섞인 겁니다.

페이수이 전투는 한족이 남하하는 계기가 됐습니다. 그 이후에 또 한 번 남하하죠. 남송 때였습니다. 송나라 때 중원을 차지했다가 금나라가 쳐들어와서 다시 내려왔습니다. 그때 남방지역이 완벽하게 중국에 편입됩니다. 그 이후에는 역전이 일어납니다. 정치적인 중심지는 수도가 있는 북쪽입니다만, 경제적인 중심지는 남쪽에 자리를 잡습니다. 지금도 그렇습니다. 경제 하면 남쪽입니다. 상하이가 남쪽에서 경제수도 역할을 하고 있습니다.

🦁 아편전쟁의 원인은 무역역조

중국 역사를 뒤바꾼 두 번째 전쟁은 아편전쟁입니다. 아편전쟁이 일어나기 직전은 청나라의 극성기였습니다. 건륭제 시대였죠. 건륭제는 18세기 중후반 60년 정도를 통치했던 황제입니다. 여러분도 잘 아시죠? 강희, 옹정, 건륭 이 세 황제가 다스리던 때가 청나라의 전성기였습니다. 건륭제는 19세기가 되기 2년 전인 1799년에 죽었습니다. 아편전쟁은 1840년에 일어났습니다. 건륭제가 죽고 40년 만이었습니다. 청나라의 최정점이라 할 수 있는 건륭제 시대가 끝나고 불과 40년이 지났을 뿐인데, 외국과의 전쟁에서 처절한 패배를 맛보게 된 것입니다.

건륭제 때는 진 시황제로부터 내려온 황제 중심의 봉건적 전제군주제가 마지막 단계에 접어든 시기라고 할 수 있습니다. 비록 왕조는 수없이 바뀌었지만 기본적인 시스템은 똑같았습니다. 청, 명, 원, 송 모두 기본적인 틀은 동일합니다. 황제를 중심으로 관리들이 있고, 그들이 백성들을 다스리는 체제입니다. 한 나라라고 봐도 무방합니다. 지배자만 바뀌었을 뿐이죠.

그래서 서양 사람들은 이 시스템을 '중화제국China Imperial'이라고 부릅니다. 진 시황제 이래로 청나라 마지막 황제가 권력을 잃을 때까지를 중화제국이라고 정의합니다. 일리가 있는 관점입니다. 이 용어에 '후기late'라는 수식어가 붙으면 명청대를 가리킵니다. 후기 중화제국이라고 부르지 않습니다. 번역하시는 분은 이 부분을 조심해야 합니다. 후기 중화제국이 아니라 명청대로 옮기는 것이 맞습니다.

이 시기에 서구는 산업혁명이 일어나고 산업사회로 급속하게 이행하고 있었습니다. 우리가 잘 알고 있는 내용입니다. 그리고 자본주의가 발전하면서 제국주의로 넘어갑니다. 자국 내 시장이 포화상태에 이르니 바깥 시장으로 진출하는 거죠. 그런데 평화적으로는 잘 안 되니까 무력을 앞세워 식민지를 만든 겁니다. 이게 바로 제국주의입니다.

영국은 인도를 식민지로 만들었습니다. 인도에서 원료를 받아서 영국에서 가공해 수출했습니다. 그런데 인도 옆에 있는 거대한 중국이 눈에 들어왔습니다. 우리나라는 1992년에 중국과 수교를 했습니다. 그전에는 중국을 마음대로 가지도 못했습니다. 혹시 기억하실지 모르겠습니다. 1983년에 중국 민항기가 납치돼서 춘천에 불시착했습니다. 그때 극진한 대접을 해서 돌려보냈습니다. 그 사건이 해방 이후 중국과 처음 접촉한 계기가 됩니다. 그리고 나서 10년 뒤인 1992년에 한국과 중국이 정식으로 국교를 맺은 뒤, 한국에서 사업하시는 분들이 "중국에 새 시장이 생겼다"는 말씀을 참 많이 했습니다. 허황된 꿈도 많이 꿨습니다. 한 사람당 1원만 남겨도 10억 원이라는 계산을 했죠. 이런 순진한 생각으로 중국에 들어갔다가 90% 정도는 실패해서 돌아왔습니다. 만만한 데가 아닌데 말이죠.

영국 사람들도 똑같이 생각했습니다. 면제품을 중국 사람들에게 하나씩만 팔아도 그 당시 면직공업의 중심지인 맨체스터를 하나 더 만들 수 있을 거라고 믿었습니다. 현실은 어땠을까요?

그때 유럽에서는 중국풍이 유행했습니다. 그들에겐 이국적인 취향으로 받아들여졌겠죠. 중국만 영향을 미친 건 아닙니다. 일본풍도 함께 유행했습니다. 일본의 풍속화인 '우키요에'라는 것이 프랑스 인상

파 화가들에게 굉장히 큰 영감을 줬다고 합니다.

유럽 현지에서는 중국 풍을 프랑스어로 '시누아 즈리Chinoiserie'라고 불렀습니다. 로코코 시대 이후에 중국적인 문양을 회화와 건축 양식 등에 많이 활용했습니다. 그 이전에도 비단과 차가 유럽에 전래됐고, 특히 홍차는 영국인의 일상에서 빼놓을 수 없는 필수품이 됐습니다. 물론 차는 포르투갈 상인들을 통해 훨씬 전에 전래된 것이기는 합니다.

시누아즈리

영국인들이 홍차를 마시기 시작한 게 얼마 되지 않습니다. 마치 우리가 김치를 먹기 시작한 지 얼마 되지 않은 것과 유사합니다. 우리 땅에 고추가 들어온 게 임진왜란 이후죠? 그전에는 김치 대신 짠지를 먹었습니다. 요즘 초등학교 교과서에 보면 고려시대 사람들이 김치를 먹는 장면이 나오는데 난센스입니다. 담배도 마찬가지입니다. 고추와 비슷한 시기에 우리나라에 전래됐습니다.

그런데 영국이 딜레마에 빠집니다. 중국풍이 영국 사회에 대유행하면서 양국 무역에 역조 현상이 생기기 시작했습니다. 중국의 차와 비단, 도자기를 과도하게 수입하게 되면서 그 대가로 막대한 양의 은이 중국으로 흘러들어 가는 것입니다. 이것이 건륭제 시기에 중국 경제가 번영한 이유 가운데 하나입니다.

이 무역이 균형을 잡으려면 중국에서도 영국의 제품을 사줘야 합니다만, 통 사주지를 않는 거죠. 그렇다고 전쟁을 하자니 나라가 너무 커서 엄두가 나지 않고, 그래서 생각해낸 대체 상품이 바로 아편이었습니다. 식민지 인도에 양귀비를 대량으로 심어 아편을 생산해 중국에 판매했습니다. 우리가 알다시피 이 작전은 성공했습니다. 중국에서 아편이 주로 거래되던 곳이 광둥 지역입니다. 광저우에 가시면 후먼虎門이란 곳에 아편전쟁박물관이 있습니다. 그 박물관이 제일 잘 만들어져 있습니다. 고증도 철저하게 한 곳입니다.

오른쪽 사진은 박물관에서 제가 찍어온 것입니다. 위는 인도의 아편 재배지입니다. 여기서 재배해서 아래처럼 박스로 포장했습니다. 박스를 잘 보시면 '파트나 오피움PATNA OPIUM'이라고 쓰여 있습니다. 파트나는 갠지스 강변에 위치한 교통의 요충지로 당시 동인도회사가 있던 곳입니다. 파트나 오피움이란 바로 파트나 산 아편을 의미합니다. 그리고 사진은 부두에서 아편 상자를 부리는 장면을 재현한 것입니다.

인도의 아편 재배지(위), 부두에서 아편 상자를 부리는 장면(아래)

압수한 아편을 폐기하는 장면

중국은 난리가 났겠죠. 은이 빠져나가는 것은 둘째 문제고, 나라가 이러면 안 되잖아요. 아편쟁이들이 거리에 넘쳐난다면 나라가 정상적으로 굴러가겠습니까? 그래서 도광제라는 황제가 대책을 세우게 되는데요, 이때 린쩌쉬(林則徐, 임칙서)라는 인물이 등장합니다.

린쩌쉬는 당시 후광(湖廣, 호광) 총독이었는데요, 황제에게 〈조진금연판법소(條陣禁煙辦法疏)〉라는 상소를 올립니다. 이 상소문이 그나마 훌륭한 대책이라고 평가받아 조정에서 받아들여지게 되고, 도광제가 그를 1838년 11월에 흠차대신(欽差大臣)으로 임명해 아편을 단속할 수 있는 권한을 맡깁니다. 흠차대신의 '흠(欽)'은 황제를 뜻하고, '차(差)'는 파견했다는 뜻입니다.

흠차대신 린쩌쉬는 아편 사용자들의 담뱃대와 여분의 아편은 압수하고 아편 사용자들을 처벌했습니다. 이때 15톤에 달하는 아편을 폐기하고 4만여 개의 담뱃대를 처분했습니다. 어마어마한 양이었죠. 하지만 영국 상인들은 사실 눈도 깜짝 안 했습니다. 아편 천 상자 정도만 포기한다는 생각이었을 겁니다.

린쩌쉬는 군대를 동원해서 영국 무역상들이 모여 있는 상관을 6주 동안 포위합니다. 포위만 한 것이 아니라 피리를 불고 북을 치면서 밤새 잠을 못 자게 했습니다. 도저히 견딜 수 없었던 영국 상인들이 2만 상자의 아편을 린쩌쉬에게 인도하고 마카오로 철수했습니다. 린쩌쉬는 커다란 웅덩이를 파고 거기에 압수한 아편과 석회, 바닷물을 섞어 파묻었습니다. 다음 쪽 위가 아편전쟁박물관이고 아래가 그 앞에 있

아편전쟁박물관(위), 아편전쟁박물관 앞의 연못(아래)

글래드스턴

는 큰 연못인데요, 이곳이 폐기한 그 장소는 아닙니다. 그 연못을 재연한 것입니다.

공은 다시 영국으로 넘어갔습니다. 영국 하원에서 이 문제로 토론이 붙었습니다. 전쟁을 하자는 파와 하지 말자는 파로 나뉘었습니다. 여론은 전쟁을 일으키는 쪽으로 흘러갔습니다. 그러나 불의한 전쟁입니다. 자기네 이익을 위해 아편을 파는 행위 자체가 있을 수 없는 일 아닙니까? 문명사회에서는 용납하기 어려운 일입니다.

그때 서른 살 먹은 자유당 소속 의원 글래드스턴이 주목을 받았습니다. 그는 나중에 수상 자리에까지 오릅니다. 그가 아편전쟁 개시 여부로 격론이 오갈 때 이런 연설을 했다고 합니다.

우룸치 훙산 공원의 린쩌쉬 동상(왼쪽), 뉴욕 차이나타운의 린쩌쉬 동상(오른쪽)

"저는 아편도 경제도 잘 모릅니다. 그 나라 법을 따르지 않는 외국인을 어떻게 다루는 것이 정답인지도 모르겠습니다. 그러나 역사가 '이것만큼 부정한 전쟁, 이것만큼 영국을 불명예로 빠트린 전쟁은 없었다'고 기록하리라는 것은 알겠습니다."

이 내용과 그림도 아편전쟁박물관에 있습니다. 이런 모습으로 한 달간 논쟁을 벌이다가 표결에 부쳐 271 대 262, 고작 아홉 표 차이로 파병안이 가결되었습니다. 역사가 참 재밌죠? 만약 아홉 표 차이로 뒤집혔다면 역사는 또 어떻게 전개됐을까요? 역사에 '만약'이 없다고는 합니다만, 이런 상상을 안 해볼 수가 없습니다. 이때 글래드스턴은 "262. 영국 양심의 무게가 고작 이 정도냐?"고 한탄했다고 합니다. 결국 전쟁은 일어났고 영국이 승리했습니다.

옆의 두 사진은 모두 린쩌쉬의 동상입니다. 제가 중국을 많이 돌아다녔는데요, 린쩌쉬의 동상을 참 많이 봤습니다. 일일이 소개하기가 힘들 정도로 많습니다. 그중에서도 두 군데가 특이했습니다. 왼쪽은 중국 우룸치의 홍산紅山 공원에 있는 것입니다. 홍산 공원은 서울의 남산공원과 비슷하다고 생각하시면 됩니다. 여기에 세워 둔 이유는 린쩌쉬가 귀양을 온 곳이기 때문입니다. 아편전쟁이 영국의 승리로 끝난 뒤 중국이 배상을 했겠죠? 그와 동시에 중국 측 대표였던 린쩌쉬에게 책임을 물은 것입니다.

오른쪽은 뉴욕 차이나타운 초입에 세워진 린쩌쉬의 동상입니다. 이

난징 조약 체결

동상이 좀 특이했습니다. 세계적으로 차이나타운으로 유명한 곳이 뉴욕, 런던, 밴쿠버, 요코하마입니다. 4대 차이나타운이라고 합니다. 그중에서도 뉴욕의 규모가 상당히 큽니다. 얼마나 크냐 하면 그곳에 사는 화교들끼리 하나의 게토를 이루고 자신들만의 커뮤니티를 이루고 살아가고 있습니다. 그곳에서는 영어도 필요 없습니다. 이것은 코리아타운도 마찬가지인데요, 사실 한국에 사니까 영어가 필요한 것입니다. 이곳에 가면 영어가 필요 없습니다. 자기들끼리 모여서 똘똘 뭉쳐 살고 있으니까 영어가 필요 없습니다. 제가 이곳에 갔을 때 사람들이 저 보고도 영어로 물어보지 않았습니다. 중국어로 물어봤습니다. 그 차이나타운을 구경하고 나오다가 이 동상을 발견한 것입니다.

　그곳에는 동상이 2개 있습니다. 린쩌쉬 동상 바로 옆에 공자 상이 서 있습니다. 공자는 중국인이 가장 존경하는 인물이니까 그럴 수 있는데 공자와 동급으로 린쩌쉬 동상이 서 있으니 깜짝 놀랐던 거죠. 왜 린쩌쉬 동상을 세웠는지는 알아보지 않았습니다. 어쨌든 특이한 느낌이 들었습니다. 아편전쟁 하면 바로 떠오르는 인물입니다.

전쟁이 끝난 뒤 이런저런 조약을 맺습니다. 그 가운데 결정적인 것이 난징 조약입니다. 난징 조약은 군함 위에서 체결하죠. 왼쪽 사진이 바로 그 장면입니다. 1842년에 찍은 것이니 썩 선명하지는 않습니다.

🌸 중화주의를 무너뜨린 아편전쟁

중요한 것은 이 전쟁이 갖고 있는 의미겠죠? 첫 번째 페이수이 전투는 중국이라는 공간의 범위를 넓힌 전쟁이었습니다. 강남 지역이 중국에 편입되고 민족적 융합이 일어나는 계기가 됐습니다. 새로운 중국이 만들어진 것입니다. 이것은 관념의 문제이기도 합니다. 2천년 이상 지속되었던 한족 중심의 국가관이 변화한 것입니다.

아편전쟁은 중국이라는 나라에 또 한 차례 커다란 변화를 가져왔습니다. 이 전쟁은 이후 수반된 수많은 변화의 단초가 됐습니다. 그로부터 약 100년 동안 중국은 서양 제국주의 열강의 손에 유린되는 참혹한 역사를 써 내려 가야 했습니다.

중화사상이 뭡니까? 이 세상에 나 하나밖에 없다는 겁니다. 천상천하 유아독존입니다. 나머지는 없습니다. '나'와 '너'가 있는 게 아니라 '나我'와 '나 아닌 것非我'만 있을 뿐입니다. 굉장히 다른 개념입니다. '나와 너'는 대등한 관계입니다. 둘 다 존재합니다. 반면 '아'와 '비아'는 나만 존재하는 것입니다. 나머지는 오랑캐입니다.

그런데 이 관념이 아편전쟁으로 깨져 버렸습니다. 전쟁에서 이긴 영국을 인정하지 않을 방법이 없었으니까요. 심지어 대등한 관계도 못 되고 열등한 관계에서 조약을 체결했습니다. 도올 김용옥 선생도 이런 이야기를 했습니다.

> "중국의 근대사는 한마디로 이러한 중화주의가 민족국가들로부터 계속 도전을 받으며 그 환상이 깨짐과 동시에, (중국이) 강력한 민족국가의 하나로 탈바꿈해 가는 과정이었다."

중화사상에서는 자기가 유일한 존재, '더 원the one'이었지만, 지금은 '원 오브 뎀one of them'이 된 것입니다. 나라는 똑같지만 이 사건을 통해 이와 같은 전환이 일어났습니다.

제가 준비한 내용은 여기까지입니다. 두 가지 전쟁을 말씀드렸습니다. 페이수이 전투와 아편전쟁입니다. 수많은 전쟁 가운데 두 전쟁을 말씀드린 이유는 첫째로 페이수이 전투가 중국의 역사를 확장했다는 의미가 있기 때문이고, 둘째로 아편전쟁이 중국인이 오랫동안 갖고 있던 이데올로기를 깨트렸기 때문입니다. 이후 중국 대륙을 무대로 이전에는 없었던 새로운 역사가 전개됐습니다.

*사진: Gisling at Wikimedia Commons (199쪽), Public Domain (219, 228쪽), 조관희 제공(그 외 사진)

Q 《삼국지》나 《사기》 등에 보면 나라를 옮겨 가며 자기 생각을 펼치는 책사들이 많이 등장합니다. 이런 인물들에 대해 현대 중국인들은 어떻게 생각합니까?

A 사례가 워낙 많아서 일괄적으로 말씀드리기는 곤란할 것 같습니다. 제가 생각할 때 질문하신 분은 그런 이동이 "명분을 버린 것 아니냐"는 뜻을 가지신 것 같아요. 바로 그 부분이 중국 사람과 한국 사람의 차이 같습니다. 한국 사람들은 그런 명분을 굉장히 중요하게 생각하는 경향이 있죠. 똑같이 유학을 받아들였지만, 현대 중국에서는 그런 전통을 찾아보기 힘듭니다. 우리가 오히려 원전에 더 가깝게 고수하고 있는 편입니다. 이 점에서는 중국 사람들이 우리보다 사고가 자유로운 것 같습니다.

Q 페이수이 전투를 예로 드시며 보여 주신 지도를 보면, 당시 분명히 고구려가 존재했음에도 불구하고 표시가 되어 있지 않습니다. 중국이 지도 표기를 하는 방법이 대체로 그런 것 같은데, 어떻게 생각하십니까?

A 동감입니다. 왜 이렇게 그렸을까요? 아마 동북공정을 염두에 두

고 질문하신 것 같습니다. 본래 장성은 산해관부터 가욕관까지였습니다. 그런데 지금은 압록강을 넘어 단둥부터 시작합니다. 영역을 확장하는 것이죠. 여기에 또 하나가 있습니다. 공간의 확장에 더해서 시간도 확장하는 것입니다. 역사 시기를 거슬러 올라갑니다. 역사를 논하려면 기록과 함께 유물이 나와야 합니다. 중국 고대사에서 하, 은, 주라고 얘기했을 때 예전에는 주나라부터 시작했습니다. 그런데 19세기 말에 갑골문이 발견됐습니다. 내용을 살펴보니 사마천이 《사기》에 쓴 내용과 부합하는 겁니다. 그래서 은나라가 역사시대에 편입됐습니다.

그러나 하나라는 아직 안 나왔습니다. 하나라는 우임금이 세웠죠? 아직 유물로 확정된 것도 없습니다만, 현대 중국인들은 삼황오제의 무덤을 만들고 있습니다. 그 안에 뼈가 있겠어요? 가묘를 만들어 놓는 것입니다. 이 무덤을 만드는 이유는 우임금을 전설이 아니라 역사 속의 인물로 만들기 위해서입니다. 이런 활동을 '탐원공정探源工程'이라고 부릅니다. 동북공정과 탐원공정이 동시에 진행되고 있습니다. 동북공정은 우리 이해와 관계가 있어서 관심을 갖습니다만, 탐원공정은 관심을 기울이는 사람이 많지 않습니다.